思想的・睿智的・獨見的

經典名著文庫

學術評議

策劃　楊榮川

五南圖書出版公司 印行

經典名著文庫

學術評議者簡介（依姓氏筆畫排序）

- 丘為君　美國俄亥俄州立大學歷史研究所博士
- 吳惠林　美國芝加哥大學經濟系訪問研究、臺灣大學經濟系博士
- 宋鎮照　美國佛羅里達大學社會學博士
- 林玉体　美國愛荷華大學哲學博士
- 邱燮友　國立臺灣師範大學國文研究所文學碩士
- 洪漢鼎　德國杜塞爾多夫大學榮譽博士
- 孫效智　德國慕尼黑哲學院哲學博士
- 秦夢群　美國麥迪遜威斯康辛大學博士
- 高明士　日本東京大學歷史學博士
- 高宣揚　巴黎第一大學哲學系博士
- 張光宇　美國加州大學柏克萊校區語言學博士
- 張炳陽　國立臺灣大學哲學研究所博士
- 陳秀蓉　國立臺灣大學理學院心理學研究所臨床心理學組博士
- 陳思賢　美國約翰霍普金斯大學政治學博士
- 陳清秀　美國喬治城大學訪問研究、臺灣大學法學博士
- 陳鼓應　國立臺灣大學哲學研究所
- 曾永義　國家文學博士、中央研究院院士
- 黃光國　美國夏威夷大學社會心理學博士
- 黃光雄　國家教育學博士
- 黃昆輝　美國北科羅拉多州立大學博士
- 黃政傑　美國麥迪遜威斯康辛大學博士
- 楊維哲　美國普林斯頓大學數學博士
- 葉海煙　私立輔仁大學哲學研究所博士
- 葉國良　國立臺灣大學中文所博士
- 廖達琪　美國密西根大學政治學博士
- 劉滄龍　德國柏林洪堡大學哲學博士
- 黎建球　私立輔仁大學哲學研究所博士
- 盧美貴　國立臺灣師範大學教育學博士
- 薛化元　國立臺灣大學歷史學系博士
- 謝宗林　美國聖路易華盛頓大學經濟研究所博士候選人
- 簡成熙　國立高雄師範大學教育研究所博士
- 顏厥安　德國慕尼黑大學法學博士

經典名著文庫 188

人生的智慧

Aphorismen zur Lebensweisheit

亞瑟・叔本華 Arthur Schopenhauer 著

李潤萍 吳峰峰 譯

經典永恆・名著常在

五十週年的獻禮・「經典名著文庫」出版緣起

總策劃

五南，五十年了。半個世紀，人生旅程的一大半，我們走過來了。不敢說有多大成就，至少沒有凋零。

五南忝爲學術出版的一員，在大專教材、學術專著、知識讀本出版已逾壹萬參仟種之後，面對著當今圖書界媚俗的追逐、淺碟化的內容以及碎片化的資訊圖景當中，我們思索著：邁向百年的未來歷程裡，我們能爲知識界、文化學術界做些什麼？在速食文化的生態下，有什麼值得讓人雋永品味的？

歷代經典・當今名著，經過時間的洗禮，千錘百鍊，流傳至今，光芒耀人；不僅使我們能領悟前人的智慧，同時也增深我們思考的深度與視野。十九世紀唯意志論開創者叔本華，在其〈論閱讀和書籍〉文中指出：「對任何時代所謂的暢銷書要持謹慎的態度。」他覺得讀書應該精挑細選，把時間用來閱讀那些「古今中外的偉大人物的著作」，閱讀那些「站在人類之巔的著作及享受不朽聲譽的人們的作品」。閱讀就要「讀原著」，是他的體悟。他甚至認爲，閱讀經典原著，勝過於親炙教誨。他說：

「一個人的著作是這個人的思想菁華。所以，儘管一個人具有偉大的思想能力，但閱讀這個人的著作總會比與這個人的交往獲得更多的內容。就最重要的方面而言，閱讀這些著作的確可以取代，甚至遠遠超過與這個人的近身交往。」

爲什麼？原因正在於這些著作正是他思想的完整呈現，是他所有的思考、研究和學習的結果；而與這個人的交往卻是片斷的、支離的、隨機的。何況，想與之交談，如今時空，只能徒呼負負，空留神往而已。

三十歲就當芝加哥大學校長、四十六歲榮任名譽校長的赫欽斯（Robert M. Hutchins, 1899-1977），是力倡人文教育的大師。「教育要教眞理」，是其名言，強調「經典就是人文教育最佳的方式」。他認爲：

「西方學術思想傳遞下來的永恆學識，即那些不因時代變遷而有所減損其價值的古代經典及現代名著，乃是眞正的文化菁華所在。」

這些經典在一定程度上代表西方文明發展的軌跡，故而他爲大學擬訂了從柏拉圖的《理想國》，以至愛因斯坦的《相對論》，構成著名的「大學百本經典名著課程」。成爲大學通識教育課程的典範。

歷代經典．當今名著，超越了時空，價值永恆。五南跟業界一樣，過去已偶有引進，但都未系統化的完整舖陳。我們決心投入巨資，有計畫的系統梳選，成立「經典名著文庫」，希望收入古今中外思想性的、充滿睿智與獨見的經典、名著，包括：

- 歷經千百年的時間洗禮，依然耀明的著作。遠溯二千三百年前，亞里斯多德的《尼各馬科倫理學》、柏拉圖的《理想國》，還有奧古斯丁的《懺悔錄》。
- 聲震寰宇、澤流遐裔的著作。西方哲學不用說，東方哲學中，我國的孔孟、老莊哲學，古印度毗耶娑（Vyāsa）的《薄伽梵歌》、日本鈴木大拙的《禪與心理分析》，都不缺漏。
- 成就一家之言，獨領風騷之名著。諸如伽森狄（Pierre Gassendi）與笛卡兒論戰的《對笛卡兒沉思錄的詰難》、達爾文（Darwin）的《物種起源》、米塞斯（Mises）的《人的行爲》，以至當今印度獲得諾貝爾經濟學獎阿馬蒂亞・

森（Amartya Sen）的《貧困與饑荒》，及法國當代的哲學家及漢學家余蓮（François Jullien）的《功效論》。

梳選的書目已超過七百種，初期計劃首爲三百種。先從思想性的經典開始，漸次及於專業性的論著。「江山代有才人出，各領風騷數百年」，這是一項理想性的、永續性的巨大出版工程。不在意讀者的眾寡，只考慮它的學術價值，力求完整展現先哲思想的軌跡。雖然不符合商業經營模式的考量，但只要能爲知識界開啓一片智慧之窗，營造一座百花綻放的世界文明公園，任君遨遊、取菁吸蜜、嘉惠學子，於願足矣！

最後，要感謝學界的支持與熱心參與。擔任「學術評議」的專家，義務的提供建言；各書「導讀」的撰寫者，不計代價地導引讀者進入堂奧；而著譯者日以繼夜，伏案疾書，更是辛苦，感謝你們。也期待熱心文化傳承的智者參與耕耘，共同經營這座「世界文明公園」。如能得到廣大讀者的共鳴與滋潤，那麼經典永恆，名著常在。就不是夢想了！

二〇一七年八月一日 於

五南圖書出版公司

如何理解叔本華？

鄧曉芒

我們中國人評價一個學者，通常離不開他個人的人品，講究「文如其人」、「道德即文章」，言傳身教、表裡如一。一個人在道德上站不住腳而不因人廢言者，兩千年來幾乎找不出一人。當然並不是說中國的學者全都是道德高尙的君子，但至少總得「爲尊者諱」，或將其缺點視爲「小節」，才能大體上馬虎得過去。叫別人「存天理滅人欲」的朱熹老夫子自己卻娶了兩個小老婆，據說只是爲了傳宗接代、盡孝心，堪稱天下僞君子的楷模，但他並沒有敗壞儒家後學們的理論胃口。然而，在讀西方哲人的作品時，我們時常會碰到一些尷尬的事情，就是從他們嘴裡說出來的話，往往由於和他們本人的行狀對不上號而打了很大的折扣。這種情況從古代就已經開始了。羅馬帝國時代的斯多亞派哲學家塞內卡就是著名的言行不一，他的財富甚至讓尼祿皇帝都嫉妒，卻大肆宣揚「節制」、「忍讓」。但他的言論的確是金玉良言，被西方人一直傳頌到今天。現代的典型是叔本華，此人一生依靠利息收入過著衣食無憂的生活，青年時代在歐洲到處旅行，爲財產而與他的家庭和管家長期爭鬥，並因打傷鄰居老太婆而吃上官司，被稱爲

「冷酷自私的怪人」（盧卡契語）。這樣一個人的哲學，甚至還是人生哲學，難道是可以信任的嗎？不過，如果我們眞有興趣讀一讀《人生的智慧》中有關「幸福」、「財富」、「名聲」等篇章，也許會發現他其實說得非常實在，並沒有什麼矯情之處。

叔本華認爲，「人性特有的一項弱點是過於在乎他人對自己的看法」，而幸福的根源在於自我，所以不用太在乎別人的評價。但實際上，普羅大眾對來自他人的評價往往非常在意，因爲他發現「自己是否是一個有用的人，並不取決於自己的意見，而是取決於別人的看法」，所以他就竭盡全力去討好他人。叔本華對此是嗤之以鼻的。另外，對世人非常看重的「地位」，叔本華也有非常清醒的認識，他認爲：「地位有著非常世俗的價值。嚴格來說，這是一個謊言。透過地位來獲得他人的虛假尊重，事實上，這是徹頭徹尾的荒誕鬧劇。」而對於財富能在多大程度上帶來滿足，叔本華的話也是發人深省，「一個人要擁有多少財富才會滿足？這個標準很難界定。在此，一個人所擁有的財富絕對數量並非關鍵，關鍵的是他所擁有的財富數量與他實際期望所擁有的財富數量之間的差距有多大」。

也許我們該說，他唯一的失誤就在於不該把這些看法公開寫出來，因爲一寫出來就意味著想要啟發他人和致力於公共事業，至少是要獲得他人的好評和滿足自己的榮譽欲，而這些他本來是認爲毫無意義、不屑一顧的。這一矛盾也反映在叔本華對於「自殺」的解釋上：他極力地爲自殺辯護，並引用斯多亞派認爲自殺是一種「高尚而英雄的行爲」，因爲「這個世界上的每一個人都無可非議地有權把握自己的生命和肉體」，這是連上帝也不擁有卻賜福於人的「最好的禮物」；然而他自己卻怡然自得地盡享天年（這一點，就連塞內卡也比他做得磊落，雖然是皇帝賜死，塞內卡畢竟是自己割腕自殺）。他爲自己提供的辯護理由很有意思，「這（自殺）是一種愚蠢的嘗試，因爲它意味著這樣一種意識的毀滅，即提出上述問題並期待做出答覆的意識的毀滅」，這個問題就是：「死亡將會給一個人的生存及其對事物本性的洞察帶來何種變化？」換言之，他之所以不去死是爲了探討死的意義。

我們先不要忙著譴責他的言行不一致，因爲他知道他終究還是要死的，他並沒有想要永遠不死，何況他最後眞的死了。在他看來（也許在大多數西方人看來也一樣），人不可能也沒必要做到每時每刻都知行合一；死反正是逃不掉的，何必那麼匆忙，何不在死之前先探討一番死亡呢？也就是說，在個人的死之外，還應該有一個「一般的死」或「死本身」，是可以探討的。個人死了就死了，人人都如此。僅此而已，那是划不來的。人在未死之前還可以去探討一般的死，雖然未必一定有什麼意義，乃至終歸是一死，但卻也未必一定沒有意義，至少這和動物一般地活著並被死亡帶走（對人來說這等於沒有活過）是不大一樣的。這種探討是痛苦的，但這正好證明他在活著。叔本華對痛苦的推崇實際上是對生命的推崇，而生命就在於追求那種一般的、無限的東西，雖然它本身只是個別有限的。由此我們可以看出，西方人的言行不一在深層上表明的正是無限與有限的矛盾。每個人都不能不受命運的擺布，因而他是渺小的；但他也是偉大的，在於他能在有限的一生中探討上帝的永恆眞理、邏各斯或「道」。一個個人主義者，哪怕他是自私的（這是一般人難以超脫的），只要他能與自己的有限目的拉開距離，他就有可能成爲偉人。正如塞內卡所說的：「有人向我說，我的生活不符合我的學說。在這一點上，當時人們也責備過柏拉圖、伊比鳩魯、芝諾。這些哲學家所談的並不是他自己怎樣生活，而是應當怎樣生活。我是講美德，而不是講我自己；我與惡行做鬥爭，其中也包括我自己的惡行；只要我能夠，我就要像應當的那樣生活。」

我們由此可以對像海德格這類人物的言與行獲得一種與以往不太一樣的評價角度。他們固然要爲自己的行爲負全部責任，但他們身上表現的是人性的弱點，我們這些有幸未置身於他們的境地的人在譴責他們時，應當意識到我們譴責的是人的劣根性，也包括我們自己。也許我們眞的需要「上蒼」，以便我們能以包括它在內的人類的名義跪倒在它的面前（如同勃蘭特總理以德意志民族的名義跪倒在猶太人面前），向它謝罪。

目錄

第二章　如何看待自我 …… 19

生命何其短暫，
唯有真理恆久而不朽：
讓我們說出真理。

——

Life is short and
truth works far and lives long:
let us speak the truth.

亞瑟・叔本華
Arthur Schopenhauer

引 言

在本書中，我將從更貼近生活的角度來談論「人生的智慧」，即如何規劃我們的生活，從而最大限度地獲取快樂和成功。關於這方面的理論，哲學上稱之爲「幸福論」，它將教導人們如何獲得幸福的生活體驗。

從絕對客觀的視角出發，經過冷靜理智的思考（這一問題自帶主觀色彩），我們可以肯定的是，幸福的人生必然是勝於虛無。這意味著，人們覺得活著比死去好，是因爲本來就想活得幸福，而非僅僅出於對死亡的恐懼。並且，我們也都希望幸福的生活地久天長。

至於眞實的人生是否或能否與上述觀念相符，就這個問題而言，我的哲學觀已經給予了否定。然而，在幸福論假設中，答案卻是肯定的。在我的主要著作的第二卷第四十九章當中，我曾指出該假設建立在一個根本性錯誤之上。因此，爲了談論「幸福人生」這個主題，我必須放棄個人思想當中更高級的形上學和倫理道德的視角，做出一些妥協，即我遵循了日常生活中的普遍觀點，並接受這些觀點中的錯誤。所以，我的評述也只具有有限價値，因爲「幸福論」僅是委婉的說法而已。此外，我也絕不求能包羅萬象，一部分是因為對此話題的探討難有止境，另一部分則在於我不想複述他人已經提出的觀點。

我印象中，唯一與這本箴言集寫作目的相同的書籍便是卡爾丹[1]的《論逆境之所得》，它值得一讀，亦可看作本書的有益補充。事實上，亞里斯多德[2]也在其《修辭學》第一卷第五章中簡略探討過幸福論，但未得出重要結論。由於我不事編撰，所以並未在本書中參閱諸位前人的著作。尤其還因為彙編過程會造成個人觀點的缺失，而個人觀點卻正是此類作品的精髓。

通常情況下，不同時代的智者都說過相同的話，而占了人類絕大多數的愚蠢之人，也總是以自己的方式異口同聲——卻總是與智者的教誨背道而馳。這樣的狀況將一直繼續，因為正如伏爾泰所言：「這世界始終保留我們初見它時的愚昧與邪惡。」

---

1 卡爾丹（一五〇一—一五七六），即吉羅拉莫·卡爾達諾，卡爾丹為其法語名，義大利文藝復興時期博學家。 譯者注

2 亞里斯多德（西元前三八四—前三二二），古希臘古典主義時期著名哲學家、博學家。 譯者注

第一章　幸福的三個層次

亞里斯多德把人生幸事劃分爲三大類——俗世之樂、靈魂之樂與肉體之樂。現在我拋開這一觀點，僅保留其三分法。我觀察到人類命運的根本差異取決於以下三個方面：

第一，你是誰，即「個性」一詞所能涵蓋的全部內容，包括健康、能力、外貌、性情、品德、智力及受教育程度。

第二，你擁有什麼，即財產及其他一切占有物。

第三，你如何存在於他人眼光之中，一個人對外顯示的形象，亦即他人對此人的看法。他人的看法可分爲榮譽、地位以及聲望。

人與人之間的差異首先是大自然的手筆。單憑這一點，我們便能即刻推斷出它對人類命運的影響比第二、第三種更爲關鍵澈底，後兩者不過是人爲調配的結果。

自我是決定幸福與否的主要因素

出生與地位甚至王室血統所帶來的特權，與偉大的思想和心靈這類本源的個人優勢相比，簡直有著雲泥之別。很早以前，伊比鳩魯[1]的第一位門徒邁特羅多魯斯[2]便說過同樣的話，他作品中有一章的標題便是：「源於自我的快樂勝於外界所致的快樂」。一個顯而易見的事實是，決定一個人是否幸福的主要因素，且貫穿一生的，是他的自我，即其內在構成。因爲人的內心是滿足還是痛苦是由其本身的情感、欲望及思維共同作用的結果，而外部環境卻只能產生間接的影響。這就是爲何面對相同的外部事件或環境，人與人受到的影響卻不盡相同——即便身處同一環境，每個人也都只存活於自己的世界之中。

由於人類僅對自己的觀點、情感以及意志有著直觀認識，因此外部事物只有在激發

1　伊比鳩魯（西元前三四一—前二七〇），古希臘哲學家，伊比鳩魯學派創始者。　譯者注

2　邁特羅多魯斯（西元前三三一—前二七八），古希臘伊比鳩魯學派哲學家，伊比鳩魯的四大追隨者之一，但少有作品存世。　譯者注

內在心理活動時，才能對當事人造成影響。

一個人對世界的認知源於他的個體感受，因此人與人眼中的世界千差萬別，有的人認爲它貧瘠、蒼白且膚淺，而有的人卻認爲它豐富、有趣又雋永。

當得知一個人的奇趣經歷時，人們渴望自己也能成爲故事的主角，卻澈底忽略了他們眞正應該嫉妒的，是對方在講述這些故事時使之饒有趣味的天賦。這些經歷，對於天資卓越之人是妙趣橫生的冒險，但在碌碌之輩看來，它們不過是味同嚼蠟的日常。比如，歌德[3]和拜倫[4]許多基於現實所創的詩歌，引來了某些愚蠢讀者的妒忌，但他們嫉恨的是作者體驗到的樂趣，而非讓平凡故事變得盪氣迴腸、美麗動人的豐富想像力。

同樣，面對同一場悲劇，生性陰鬱的人會情緒失控，樂觀積極的人視之爲一次有趣的衝突，而麻木冷漠的人則對其視若無睹。這些表現，皆取決於一個事實，即要想認識和理解任何事物，都需要兩個因素的共同運作：主觀因素與客觀因素。猶如水中的氧氣與氫氣，連繫緊密，缺一不可。因此，當一次經歷的客觀或外在因素相同，但主觀或個體認知存在差異時，人們對該經歷的解讀便各有不同。

對於愚鈍之人而言，即使面對世上最美好的事物也無法領略，就如同陰沉天氣下或

---

3 歌德（一七四九—一八三二），德國作家、政治家。——譯者注

4 拜倫（一七八八—一八二四），英國詩人及政治家。——譯者注

劣質暗箱[5]當中所呈現出的景色。簡言之，每個人都囿於自己的意識之中，困在自己的皮囊之內，因此外部支援也對其鮮有幫助。

5　暗箱：暗箱是一種光學裝置，是流行的繪畫輔助工具，到十九世紀時進一步發展成為照相機，是照相機的最早形式。　譯者注

個體的精髓正是其意識的構成

舞臺上，某人飾演王子，某人扮作大臣，某人則是僕人、士兵或將軍等，但他們的區別僅是外在的，而其內在實質，所有這些外在表象的內核，不過同是可憐的戲子，背負著自我的哀思苦慮。在生活中亦是如此，地位與財富的差異讓人們扮演著不同角色，但這絕不意味著內心幸福與快樂也因此有所不同。在現實中，每個凡人於本質無異，承擔著各自的煩惱困苦。誠然，每個人的煩惱都各有淵源，但其本質上並無差別；儘管程度有所差異，但這些差異與個人的社會角色，或者與地位高低、財富多寡都無必然連繫。鑑於一個人的完整自我與全部經歷都只存在於他的意識之中，且只為其意識而生，所以個體的精髓正是其意識的構成。

在大多數情況下，意識本身比意識中所呈現的物象更為重要。映射在愚人蒼白意識中這世上一切的榮耀與歡愉，與身陷淒慘囹圄而書寫出《唐吉訶德》的賽凡提斯[6]的意識相比，皆顯得黯淡無光。生活與現實中的客觀因素隨命運而波動，變幻無常，而人的

6 賽凡提斯（一五四七—一六一六），西班牙作家。譯者注

主觀意識與生俱來，就本質而言是不變的。

因此，無論外部環境如何變化，每個人終其一生都只擁有一種個性，就好比雖然有一系列變奏曲，但主旋律卻依然不變。沒有人能夠突破個性的侷限。

正如一種動物，無論身處何種環境，都受制於大自然賦予的天性。因此，當我們試圖逗寵物開心時，應該在牠的意識範圍之內來進行，順應其天性。

同樣，人也是如此，一個人的個性便已預先決定了他所能感受到的快樂有多少。精神力量更是決定一個人能否體會到高級快樂的關鍵因素。若精神力量有限，任何來自外界、他人或財富的支持，都不足以幫助其獲得更加高級的幸福感，只能侷限於半動物性的俗世之樂。他只能享受低級的感官樂趣，俗套粗鄙的消遣，至多不過是安逸快樂的家庭生活，即便是多少有點作用的教育，也難以開拓其精神視野。

我們在年輕的時候很難意識到，最強烈、最豐富且最持久的快樂始終來自精神上的愉悅，而精神力量的強弱則決定我們能在多大程度上領略到這種樂趣。由此可見，人的幸福在很大程度上取決於人類自身，即我們的個性，而我們卻往往只考慮命運如何，擁有多少財富，或者別人如何看待我們。實際上，我們的命運也許能改變，但若我們內心豐富充盈，便不會對此多做渴求。另一方面，愚蠢者至死稟性難移，即便臨終前圍繞其左右的是天堂仙女，仍頂著一顆榆木腦袋。這便是爲何歌德在《西東詩集》指出，每個人無論身分高低貴賤，只有個性才是決定快樂的最重要因素：「芸芸眾生，無論貴賤，總是承認，最大的幸運源自個性。」而「饑不擇食」、「青春的激情總是隨歲月而流逝」之類的諺語，或者是天才、聖人的人生經歷，這些都證實了，在決定人類的幸福與快樂一事上，主觀因素的重要性遠遠大過客觀因素。

健康的乞丐比體弱多病的國王更快樂

健康遠比其他一切福祉更爲重要，正所謂一個健康的乞丐比體弱多病的國王更快樂。健全的體格，開朗的性情，清晰、活躍、深刻且正確的理解力，溫柔敦厚的意志，以及相應而生的良知，這些優勢都是任何身分與財富無法彌補和取代的。因爲一個人的自身，是他獨處時外人無法給予或奪走的存在，顯然比他所擁有的財產或外人對他的評價更爲重要。

對於智者而言，即使孤身一人，也能從思維與想像中獲得諸多樂趣，然而對於一個麻木的傻瓜來說，即使不斷變換花樣地聚會、看戲、旅行和消遣，也無法擺脫無聊感的侵襲。善良、穩重、溫和的人，在困苦的環境中照樣能感受快樂，而貪婪、善妒和惡毒的人，即便是世界上最富有的人，也仍然不免痛苦。不僅如此，對於悠然自得、特立獨行又智力超群的人來說，普通人所追逐的大多數快樂純屬多餘，甚至是麻煩和累贅。由此，賀拉斯[7]在談論自己時說道，無論物質生活多麼貧瘠，總有些人可以泰然處之：

[7] 賀拉斯（西元前六十五—前八），古羅馬抒情詩人。　譯者注

「寶石、大理石、象牙、托斯卡納[8]花瓶、盤子、蓋圖里亞[9]紫袍——此非人人所有，亦非人人所求。」[10]

當蘇格拉底看到眾多奢侈品時，他感嘆道：世間我所不欲之物千千萬。

因此，人一生中，決定幸福的首要和最重要的因素便是自我，即我們的個性，而因爲它恆定不變，在任何情況下都能發揮作用。個性既不是命運的造化，也不能從我們身上被剝奪。與財富和他人的看法相比，個性擁有著絕對價值。因此，想通過外在手段去征服或影響一個人是很困難的。

---

8 托斯卡納：義大利中部大行政區域，首府為佛羅倫斯。——譯者注

9 蓋圖里亞：古柏柏爾部落聚居區域，位於阿特拉斯山脈南部，與撒哈拉沙漠毗鄰的廣大沙漠地區。——譯者注

10 原文引自賀拉斯《書信集》。

人生的真諦在於遵從個性

這時，時間這一重要角色閃亮登場，要求行使其強大的權利。在時間的作用下，人的身心優勢都在日漸衰退，唯有道德品性免受影響。從表面上看，時間似乎無法直接奪走外在的財富和別人對我們的看法，由於其客觀與外在性，財富與評價是可獲取的，至少人人都有擁有它們的機會。相比之下，主觀性的東西卻並不是人人都能獲得的，屬於天賦權利，是貫穿一生、不易改變、不可分割又必然的宿命。允我引用歌德的詩句，它們講述了星象預示的軌跡如何在一個人出生之時便決定了他的命運，使其從此只能在屬於自己的人生軌道上前行，以及西比爾[11]和預言家們如何言之鑿鑿，指出一個人無法脫離自己既定的人生軌道，而它亦不會隨著時間而改變：

你臨世之日，
太陽將迎眾星，

11　西比爾：希臘神話與文學中的女預言家。　譯者注

你自亦茁壯生長，義無反顧，
恪守掌管自體的法則，
你別無選擇，在自我前無處遁形，
西比爾與預言家早已有言，
時間與萬力皆無法割裂自我之完整，
它生生不息，自立成長。

我們唯一所能做的，便是最優化利用既有的個性，並相應遵循我們的個性來追求自身的發展，避免強其所難，從而去選擇最適合自身個性的地位、職業以及生活方式。

試想一個人如赫拉克勒斯[12]般力大無窮，卻迫於外因不得不伏案工作，做精細的手工活，又或是從事他不具備優勢的腦力勞動，也就是說，他被迫去做他不擅長的工作，而他得天獨厚的強項卻遭到荒廢。若陷入此般境地，人終其一生都將與快樂無緣。更可悲的是，一個智慧超群的人，從事著無法發揮自己才能的平庸工作，又或者是他不擅長的體力勞動，不得不任由智力荒廢。對此，我們一定要重視，尤其當我們年少氣盛時，不要高估自己，去做自己無法勝任的事情。

12 赫拉克勒斯：古羅馬英雄與神祇，宙斯與阿爾克墨涅之子，以力大無窮而聞名。 譯者注

內在貧瘠使富貴者與貧困者無甚區別

由人的自我個性所獲得的幸福，定然比其他幸福更有分量，所以，較之積聚財富，保持身體健康和培養才能才是更為明智的人生追求。然而，不能因此誤認為我們可以忽略基本物質生活保障。財富，嚴格按照其本義來說，即過剩之物，對我們的幸福影響甚微。

許多富人鬱鬱寡歡，只因思想匱乏、學識淺薄，對事物沒有客觀的興趣，缺乏從事腦力活動的能力。除滿足基本物質需求外，財富對我們獲取幸福的幫助很小，甚至會對幸福產生干擾，因為為了保住財富，會不可避免地耗費精力、讓人無法保持平靜和愉悅。即便如此，追求財富的人也仍然要比追求精神修養的人多得多。由此，你可以看到許多人如螞蟻般辛勤勞作，孜孜不倦、晝夜不分地致力於積攢財富。這類人除了賺錢，對此外的一切一無所知。他無法獲得智慧帶來的至高快樂，只得沉湎於轉瞬即逝的感官享受，妄想用這些代價高昂的紙醉金迷取代精神上的享受，卻不過是徒勞無功。若是幸運，他們能博得金山銀山，並留給子孫以繼承或揮霍。這樣的人生，縱使兢兢業業，卻仍屬愚昧，與那些渾渾噩噩過一生的人並無差別。

一個人的內在自我，才是決定他能否幸福的首要因素。

通常情況下，由於內在的貧瘠，大多數脫離貧窮的人，實際上仍和那些窮困者一樣悶悶不樂。這些人思想蒼白，想像匱乏，意志消沉，由此他們尋求志趣相投者作伴，「物以類聚，人以群分」，但追求的不過是感官享樂，肆意放縱，最終以荒唐收場。家境富裕的年輕人自小含著金湯匙出生，卻常於揮霍無度中迅速敗光家產。何以至此？不過是因爲精神的空虛與貧乏，而對人生感到厭倦無聊。他降臨於世，外在富裕，卻內裡貧瘠，枉然地想要用外物填補內在的荒蕪，試圖向外尋求一切，與大衛王[13]和德．萊斯[14]男爵等爲延續自身力量的老人所作所爲別無二致。因此，內心貧乏的人最終在現實世界也落得一貧如洗。

我不必強調財富和名聲的重要性，它們的重要性如今早已人盡皆知。

與財富相比，名聲這種東西略顯縹緲，因爲名聲僅僅屬於他人的意見。但對於獲取一個好名聲，人們依舊很看重。社會地位主要是公職人員的抱負；崇高的名望，能獲取的更是少之又少。總之，名聲被看作無價之寶，而崇高的聲望則是人們最珍愛的東西，

13 大衛王：以色列聯合王國的第二任君主，曾在晚年為炫耀而數點百姓，遭到神的懲罰。　譯者注

14 德．萊斯（一四〇五—一四四〇），法國軍隊將領。因崇拜撒旦，向魔鬼祈求財富權勢而殺害了二百餘名兒童。　譯者注

堪稱天選之人才能得到的金羊毛[15]。然而，只有愚蠢的人才會只愛地位而不愛財富，因為人所擁有的財富和名聲往往互為因果，如佩特羅尼烏斯[16]的格言所述：「一個人所擁有的財富決定了他在別人眼中的價值。」反之，來自他人的肯定和讚美，也常常能幫助我們獲取財富。

15 金羊毛：希臘神話中公羊克律索馬羅斯長有黃金羊毛和羽翼，是權力與王位的象徵。譯者注

16 佩特羅尼烏斯（？—六十六），古羅馬作家，著有描寫西元一世紀羅馬社會的小說《薩蒂利孔》。譯者注

第二章　如何看待自我

自我品質才能帶來至高的幸福

我們已大致了解到，自我對個人幸福的貢獻遠勝於財富與名聲。人的自我，以及他所具備的品質，永遠是決定幸福的首要因素，因爲一個人與自身不可分割、如影隨形，而他的全部經歷也都會被渲染上個人色彩。

一切的歡愉，無論何種性質，都只能由自我去體驗。物質樂趣如此，精神上的樂趣更是如此。英語中有個短語「to enjoy oneself」（即「享受自己」），是個相當生動的表達。比如，一個人不會說「他享受巴黎」，而是「他自己在巴黎很享受」[1]。對於個性很差的人而言，一切的快樂都如同膽汁倒流到嘴裡時喝下的美酒，完全變了味。因此，生活的苦與樂，更多取決於其感知方式，即我們感受能力的類型和程度，而非苦樂本身。

一個人的自我與自身所擁有的東西，簡而言之，其個性及個性帶來的影響，才與他

1 「他享受巴黎」原文為「he enjoys Paris」，「他自己在巴黎很享受」原文為「he enjoys himself in Paris」。　譯者注

的快樂和幸福直接相關。除此之外，其他一切因素都是間接的，它們的作用可以被消除和削弱，但個性所帶來的影響卻不可磨滅。這便解釋了，爲何個人能力所激起的妒忌之情最難以平息，同時也隱藏至深。

此外，意識性質和結構，是貫穿人類一切事務的恆久因素。在我們生命中的每一刻，個性都在持續不斷地發揮作用，而其他方面的影響都是暫時的、偶然的、刹那的，變幻無常。這便是爲何亞里斯多德會說「永恆的絕非財富，而是人格」的原因。[2]正因如此，比起由自身缺陷導致的不幸，我們更容易承受純粹來自外界的災禍，因爲運氣總會變化，而自身的特質卻始終如一。

所以，自我品質才是幸福的首要因素，如高尚的品格、聰明的頭腦、開朗的性情、愉悅的精神以及健康的體格，一言以蔽之，即「健康的心靈加上健康的身體」。因此，我們更應致力於保持與提升這些品質，而不是追求外在財富與榮譽。

在這些自我品質當中，最能直接帶來幸福感的便是開朗愉悅的精神面貌，因這一品質所帶來的好處是立竿見影的。樂觀開朗的人總能找到快樂的理由，因爲他天性如此，並且這種品質完全可以彌補其他幸福的缺失。一個人或許年輕、英俊、富有且地位尊貴，但要判斷他是不是幸福，那就得問問他是否快樂。如果他很快樂，那麼，他是年輕

2 《歐德謨倫理學》第七卷，第二章。

或是老邁、是身材筆挺或是彎腰駝背，是富裕或是貧窮，又有何妨呢？反正他就是幸福的。

年輕時，我曾讀過一本舊書，在其中看到如下文字：「若你笑口常開，你便是幸福的；若你常噙淚水，你便是不幸的。」這句話雖然簡潔，但卻飽含眞理，讓人過目難忘。因此，若當快樂蒞臨，我們應敞開大門相迎，它來得總是恰逢其時，但我們對於接納它卻往往猶豫不決，總想確認這份快樂是不是有理有據，接著又擔憂精神的愉悅會影響我們進行深思熟慮或是處理重要事情。

快樂是一張能帶來即時幸福的現鈔，而其他因素所帶來的幸福只是一張有待兌現的支票。生死永恆，個體的生命卻短暫如白駒過隙，對於我們來說，此時的快樂便是至高的幸福，而把握和提升這種快樂感，應是人類致力追求的最高幸福。

只有「健康的土壤」上才能結出「快樂的果實」

毫無疑問，對快樂貢獻最小的是財富，而貢獻最大的則是健康。那些下層社會的勞作者，尤其是那些生活在農村的鄉下人，常常露出高興滿足的笑容，反倒是那些享受榮華富貴的上流人士，看起來陰鬱而憂愁。所以，我們每個人都要竭力保持良好的健康，因爲只有在「健康」的土壤上才能結出「快樂」的果實。

維持健康的方法我不必多言，包括：避免所有放縱行爲、避免一切激烈和不悅的情緒、避免精神過度緊繃、堅持戶外運動、洗冷水浴等。

若缺乏適量的日常鍛煉，就很難保持健康，運動才能保證整個生命機能的正常運轉，才能維持身體各個器官的氣血通暢。正如亞里斯多德所說：生命在於運動，生命的本質也在於運動。

人類的所有器官都在晝夜不停地快速運轉：心臟在進行著複雜的收縮與舒張，強健又不知疲倦地跳動，它每跳動二十八次，便完成一次血液在動脈、靜脈與毛細血管的全身循環。肺部如一臺永動蒸汽機，不斷吐納著空氣；腸道在一刻不停地蠕動；腺體在不斷地吸收與分泌；甚至是大腦，也伴隨著我們脈搏的每一次跳動和每一口呼吸，在做著屬於自己的雙重運動。

很多人不喜歡運動，在他們身上，外在的靜止與內在的躁動間會出現明顯且致命的失衡，因爲人體內部永不停歇的運動同樣需要外部鍛煉的配合，若缺乏這種鍛煉，便會導致類似於我們強制壓抑情緒而產生的不良後果。即使是一棵樹要想蓬勃生長，也得藉助風的洗禮。

運動產生活力——請記住這個法則。

我們的精神狀態與健康狀態會對幸福造成多大影響？通過對比不難發現，當我們強壯愉悅時和當我們病弱抑鬱時，相同外部環境和事件會帶來明顯不同的結果。

讓我們開心或痛苦的，不是客觀事物本身，而是我們對它們的看法。如埃皮克提圖[3]所言：「影響人們的並非事物，而是人們對事物的看法。」

總而言之，我們的快樂十之八九取決於健康。若身體安康，萬事萬物都是快樂的源泉；若身體抱恙，一切的樂趣都索然無味。在健康受損的情況下，即便偉大的頭腦、開朗的性情等優秀品質也會大打折扣、黯然失色。所以，人們相見時首先詢問對方的健康狀況，並祝願彼此健康的慣常舉動是有充足理由的，只因健康對於快樂來說確實是頭等大事。

---

3 埃皮克提圖（約五十五—一三五），古希臘斯多葛學派哲學家。 譯者注

由此，最愚蠢不過的便是那些爲其他快樂犧牲自己健康的人，無論是爲了賺錢、升職，還是爲了學問、名氣，更別提稍縱即逝的感官享樂。這一切都須讓位於健康。

樂觀和美貌的人更容易幸福

不過，健康雖然能在很大程度上帶來好心情，而好心情又是決定幸福的關鍵，但好心情並不完全依賴於健康。因爲一個人可能體格健康，但生性陰鬱，總沉湎於哀思愁苦之中。毋庸置疑，這種情況究其根本還是源自天生體質，與個人的感受力和生命力存在著普遍連繫，關係尤爲密切的便是個人神經敏感程度。高於常人的神經敏感性，會造成精神失衡，容易被憂鬱情緒主導，伴隨著週期性的過度興奮。一般來說，天才都是些神經過敏的人，如亞里斯多德已然得出的正確結論：哲學、政治、詩歌或藝術領域的傑出人士，一概性情陰鬱。[4]此話無疑也是西塞羅[5]的心聲，如他常言：亞里斯多德說所有的天才皆憂鬱[6]。莎士比亞則在《威尼斯商人》中精妙地闡述了人的性格中根深柢固、與生俱來的差異：

---

4 《亞里斯多德的問題》，三十，書信一。

5 西塞羅（西元前一〇六－前四十三），古羅馬政治家、雄辯家以及學院懷疑論哲學家。　譯者注

6 《圖斯庫路姆論辯集》，第一卷，第三十三頁。

老天造下人來，眞是無奇不有：
有的人老是瞇著眼睛笑，
好像鸚鵡見了吹風笛的人一樣；
有的人終日皺著眉頭，
即使涅斯托發誓說那笑話很可笑，
他聽了也不肯露一露他的牙齒，裝出一個笑容來。[7]

柏拉圖對性情開朗者與性情悲觀者加以區分，因爲不同人對快樂與痛苦所表現出來的感知能力也不一樣。因此，面對同一件事，有人會覺得逗趣，而有的人卻感到絕望。通常而言，越容易感到不快的人，也越難以感受到快樂，反之亦然。若一件事情成敗概率各占一半，當情勢不妙時，悲觀者便會心生惱怒或哀傷，即便情況好轉，也無法喜笑顏開。另一方面，開朗之人卻不會爲事態糟糕而擔憂焦慮，一旦有所轉變便會歡欣鼓舞。若十件事中成功了九件，悲觀者不會感到快樂，卻只爲那唯一的失敗懊惱；而樂觀的人，哪怕只有一件事獲得成功，也會在其中找到安慰，並保持樂天的心態。但性格陰鬱者也並非完全沒有一點好處，比起那些天性樂觀的人來說，他們所承受的不幸與磨

7　引自春風文藝出版社版朱生豪譯《威尼斯商人》第一幕。　譯者注

難多出自想像，因此更少遭遇眞實的不幸。這是因爲，滿目灰暗的人一直陷在對最壞情況的恐懼之中，並據此做好防範，與那些總是樂觀看待事物的人相比，則會少栽一些跟頭。

一個天生容易抑鬱的人，再加上神志不清或消化系統紊亂，這種難以消除的長期折磨會引發其對生活的厭倦，並使之產生自殺傾向，而即便最微小的不悅也可能成爲導火索。這種自殺傾向到了最嚴重時，已經不需要太多具體的理由，無止境的苦悶讓人決意要結束自己的生命，並冷靜堅決地實施。即使是一個長期受到監管的抑鬱者，仍會抓住任何放風的機會，並無所畏懼、毫不猶豫地用此刻對他們來說最自然和理想的方式求得自我解脫[8]。

即便是最健康甚至最樂觀的人，在特定情況下也會選擇自盡，如當個人遭受的磨難以及無法避免的不幸所帶來的痛楚已超越他對死亡的恐懼時。唯一的區別在於，天性樂觀的人可能在面對巨大的痛苦時才會選擇去死，而天性憂鬱的人只需較小的痛苦就會誘發自殺行爲。

越是悲觀的人，對自殺誘因的要求便越低，最終甚至接近於零。但若一個人積極樂觀，而且他的精神有良好的健康作爲基礎，只有至深的悲痛才會讓他自尋短見。導致自

8 有關這種精神狀態的詳細內容，請參見〈論精神病〉一文。

殺的原因有大有小，其中有兩種極端情況，一是天性抑鬱者病態加劇，視自己的生命如草芥；二是天性樂觀者完全依據客觀現實而慷慨赴死。

美貌也與幸福有關，它被看作一種個人優勢。儘管嚴格說來，它對我們的幸福並無直接幫助，但是它能給他人留下好的印象，間接地起到作用。即便對男子而言，這樣的優勢也絕不容小覷。美貌猶如敲門磚，使擁有它的人更易獲得他人的青睞。如《荷馬史詩》中的精彩描述：「鮮有人棄天賜的美貌於不顧，這是唯有神靈才能施予的恩惠——」[9]

9　《伊里亞特》第三章，第六十五頁。

痛苦與無聊是幸福的兩大勁敵

對生活稍加觀察便可發現，人類幸福的兩大勁敵是痛苦與無聊。更進一步說，當我們能有幸遠離其中一方時，卻在向另一方靠近，反之亦然。事實證明，生活就是在這兩者之間搖擺，其原因在於，這兩者之間有著雙重對立，一重是外在的、客觀的，另一重是內在的、主觀的。

艱苦的外在環境與貧困招致痛苦，而若一個人生活富足，則難免感到無聊。因此，當下層社會陷入無止境的生存鬥爭時，上層階級則身處與無聊曠日持久的激烈交戰中[10]。

內在的主觀對立是因爲個體對痛苦與無聊的感受能力，這與一個人精神能量的大小直接相關。請容我解釋，精神的遲鈍常常與感受力的遲鈍相關，對外界的刺激往往無動於衷，簡言之，無論多麼極致的痛苦與焦慮，這樣的頭腦都難以感知。精神遲鈍會導致

10 這兩個極端會相交，因為遊牧或流浪生活這類最低等的文明，會在最高等的文明找到相似情況，即那些雲遊四海的旅居生涯。前者是為了生存的必需，而後者則是為了補償自身的沉悶。

內心的空虛，這種空虛烙印在很多人的臉上。人們對外在世界中的一切瑣碎之事保持長期積極的關注，而這正是無聊的眞正來源：爲了塡補內心的空虛，必須源源不斷地追求外在刺激。這些人饑不擇食地尋求各種無意義的社交、消遣和娛樂，還有人喜歡八卦、到處搬弄是非，許多人卻由此學會驕奢淫逸，最終淪落至淒涼慘澹的境地。要避免這樣的悲劇，只能依靠內在力量，即豐富的精神思想，因爲精神越是豐富，留給無聊的空間也就越小。這種人的頭腦充滿活力，思維不斷更新，善於從內心世界和外在世界中發掘各種現象並將其融會貫通——這些激盪的腦力活動，除了個別放鬆的時刻，都能讓人免受無聊之苦。

但是，在另一方面，高階的智慧根植於高度敏銳的感受力、更強大的意志力以及更熱烈的激情之中。這些品質的結合極大增強了情感能力，提高了對心靈痛苦甚至身體痛苦的敏感性，同時也磨損了人面對困難時的耐心，對於干擾更容易產生憎惡。而想像力會放大這一系列的情感，包括那些不利的因素。這一觀點適用於從最愚蠢的傻瓜到有史以來最偉大的天才之間的各種人。因此，無論從主觀還是客觀角度出發，一個人越接近不幸的這一端，他便離不幸的另一端更遠。由此，一個人的天性會使他讓自己的客觀世界儘量與主觀世界相符，換言之，他會竭盡全力躲避他最不願意忍受的那類痛苦。

人，要麼孤獨，要麼庸俗

智者會尋求沒有痛苦和憤怒的狀態，追求閒暇與自由，過上一種平靜、質樸，不受人打擾的生活。於是，在對所謂的人類生活有所了解後，他便會選擇遁世隱匿，甘願獨處。因爲人的內在越是充盈，對他人也更無所求，他人對他而言自然也就無足輕重，這也是擁有高智商的人爲何傾向於離群索居的原因。

的確，若智力的數量能夠彌補品質，即便在熙熙攘攘的凡世中生活也是値得的，但不幸的是，一百個傻瓜也湊不成一個智者。而處於痛苦另一端的個體，一旦不必再爲生計奔波，便會不遺餘力尋求娛樂與消遣，盲目地社交，對自我則唯恐避之不及。因爲在獨處時，每個人都暴露在自我之下，其內在也一覽無遺。

外表光鮮的愚人，在他可憐人格的重壓之下怨聲載道且永遠無法擺脫，而聰明人即使身處不毛之地，依然有朝氣蓬勃的思想相隨。塞內卡[11]曾說，「愚蠢是愚蠢自身的負

---

[11] 塞內卡（約西元前四—西元六十五），古羅馬政治家、斯多葛派哲學家、悲劇作家、雄辯家。　譯者注

累」，這可謂是一句眞理。同樣，西拉[12]也說過：「蠢人的生活比死去更糟糕。」通常來說，一個人越是思想貧乏、智力平庸，他就越熱衷於社交。生而在世，人要麼孤獨、要麼庸俗，沒有更多別的選擇。

12 西拉，約生活於西元前一三〇年前後，《舊約》中《西拉書》希臘文本作者。　譯者注

平庸之人易感到無聊

大腦可被看作人體的寄生物或住客，閒暇則是一個人終日奔波辛苦掙得的果實，這閒暇可以讓大腦所反映的意識和個性有機會享受精神上的樂趣。除了閒暇之外，人生就只剩下勞作與付出。然而，大多數人用閒暇時光又幹了些什麼呢？要麼縱情享樂，要麼百無聊賴，要麼渾渾噩噩。從這些消磨時光的方式，便能看出閒暇對於這些人來說是毫無價值的。如阿里奧斯托[13]所見——「無知者的無聊，多麼可悲。」普通人只會思考如何打發自己的光陰，而聰慧之人則會利用它們。智力平庸之人易感到無聊，原因在於他們的智力不過是受意欲所驅使，在意欲缺乏動力的時候，智力也就偃旗息鼓——智力和意欲，都需要外在刺激才能發揮作用。此時，一個人全部力量的停滯，一言以蔽之，便是無聊。

爲消除無聊所帶來的痛苦，人們便對那些能帶來一時快樂的瑣碎之事頗感興趣，期望藉此調動意欲，並啓動智力。然而，相較於眞實而自然的動機，這些意欲頗爲膚淺，

---

13 阿里奧斯托（一四七四—一五五三），義大利詩人。 譯者注

就像紙幣之於金幣——紙幣的價值是隨意的，不像金幣那樣貨眞價實。比如，紙牌便是專爲這一目標所創的遊戲。如果沒有這些遊戲，一個人在無所事事時，會玩自己的手指，或隨意打起拍子，要不就是抽一根雪茄來代替思考。因此，在各個國家，社交中最主要的消遣便是紙牌遊戲[14]，這樣的社交有何價值可言？不過是思想極端貧瘠的表現罷了。因爲人們彼此之間缺乏可以交流的思想，便沉迷於紙牌遊戲以贏取他人錢財。好一群冥頑之輩！

然而，我並不想有失公允，所以爲紙牌遊戲辯護幾句：打牌也算是一種演習，可以爲應付日後的世俗生活做準備，因爲透過打牌，人們可以學會合理利用那些不可撤銷的偶然事件（如發出的某張牌），竭盡所能從中獲利；而爲了實現此目標，人必須學會掩飾，即使拿到一手爛牌也要裝作興高采烈的樣子。然而，在另一方面，正是由於這個原因，紙牌遊戲也可能會讓人道德敗壞，因爲它的全部目標便是機關算盡以贏取他人囊中之物。這類在牌桌上學得的習性，會延伸至並扎根於現實生活，而在日常事務中，一個人會漸漸用紙牌的規則看待「你我之物」，並認爲只要不觸及法律，他便可以最大化利用自己的一切優勢謀取所需。這樣的例子，在日常生活中隨處可見。

---

14 到這一程度，紙牌遊戲在所有北歐國家中無疑已是明日黃花，如今的風潮是藝術或文學類的業餘愛好。

正如我說過的，閒暇是生活中開出的花朵，更準確地說，是結出的碩果。一個人能夠自己完全掌控的也只有閒暇時光。一個內在豐富、自身具備很高素質的人才能眞正讓閒暇產生價值，才能稱得上是幸福的。但大多數人的閒暇時光又能帶來什麼呢？——無非一個百無聊賴又拖累自身的遊手好閒之徒。因此，那些能享受閒暇的人應該慶幸：好在你不是出身貧賤，所以才得享自由。

幸福皆隨我而生，如我所見

進一步說，正像很少或完全無須進口貨物的國家最為幸運，一個人內在精神豐富，無須或極少仰仗外物，他也就是最幸福的。因為進口商品大多價格昂貴，且對外依賴性強，帶有風險和麻煩。更有甚者，有些舶來品只不過是本土貨的劣質替代品。

任何人都不應該對他人或外界抱有過多期待，個人對他人也並沒有那麼重要。從根本上說，人人都孑然一身，此時眞正重要的是個人本身。歌德在《詩與眞》（第三冊）中闡述：凡事歸根到柢，都得反求諸己。或如戈德史密斯[15]在〈旅行者〉一詩中所述：無論身處何地，幸福皆隨我而生，如我所見。

我們要做好自己，成就自己。一個人能夠越多地在自己身上找到樂趣，他也就越幸福。因此，亞里斯多德道出了一個偉大眞理：自得其樂便是福[16]。因為其他幸福的源泉在本質上皆是變幻莫測、轉瞬即逝又出於偶然。所以，即便在最有利的形勢下，它們

15 戈德史密斯（一七二八—一七七四），愛爾蘭小說家、劇作家和詩人。　譯者注

16 《歐德謨倫理學》第七卷，第二章。

仍然不可避免地容易耗盡。而人到遲暮之年，這些外在幸福的源泉多必枯竭，愛也繼之離去，隨之離去的還有敏銳的頭腦、遠行的欲望、騎馬的興味與社交的能力，而親朋好友亦將被死神一一奪走。此時，幸福感的產生，比任何時候都更倚賴於一個人的自身，因爲它才是最長久的陪伴，而在人生的任何階段，它都是幸福唯一眞實且永不枯竭的來源。這世間滿是悲涼苦楚，若有人得以逃脫，前方等待他的卻是無處不在的無聊。不僅如此，邪惡總是贏，愚昧最聒噪。命運殘酷，人類可憐。在這樣的世界中，內在豐富的人有如聖誕冬夜中明亮、溫暖又充滿愉悅的房間，而房間外則是寒冷的冰天雪地。因此，毫無疑問，世界上最大的幸福便是擁有豐富的內在，尤其是擁有天生的聰明才智，儘管最終可能不夠耀眼，但這一定是最幸福的命運。

十九歲的瑞典克里絲蒂娜女王在她對笛卡兒的一句評論上盡顯睿智：「笛卡兒閣下是世上最快樂的人，他的狀態讓人羨慕。」[17]那時的笛卡兒已在荷蘭避世隱居了二十年，而除了一些道聽塗說，女王對他的了解僅來自一篇論文。誠然，如笛卡兒的例子所示，外在條件足夠優越，個人才能掌握自己的人生和幸福，抑或是如《傳道書》中所述：「智慧和產業都有，這樣才能夠享受陽光。」[18]若大自然與命運贈予某人以智慧，

17 巴葉：《笛卡兒的一生》，第七卷，第十章。

18 《傳道書》：七，十二。

他就要小心翼翼地保持內在的幸福之泉永不枯竭。爲此，獨立與閒暇都必不可少。爲了獲取它們，他會節制欲望，儲備資源，更重要的是不會像他人一樣讓自己的幸福依賴於外部世界。因此，他不會對職位、金錢或他人讚美產生過多期許，因而也不會被誤導，從而屈服於感官欲望與低級趣味帶來的滿足。他還會遵循賀拉斯致米西納斯[19]的書信中[20]的建議——爲了外在形象而犧牲眞實的自我，放棄全部或大部分自己平靜的閒暇時光以及個體的獨立，以換取地位、排場、頭銜和榮譽，都是再愚蠢不過的行爲。歌德便做了這樣的選擇，而我則有幸選了相反的方向。

19 米西納斯（約西元前七十—約西元八），奧古斯都的朋友與政治幕僚，同時也是部分新一代奧古斯都時期詩人的贊助者。　譯者注

20 目錄一，書信七：Nee somnum plebis laudo, satur altilium, nee Otia divitiis Arabum liberrima muto.

人類獲得快樂的三個層次

我在此強調的眞理——幸福主要源自人的內在，由亞里斯多德在《尼各馬可倫理學》中做出了最精準的評述：一切的幸福都以某種活動爲前提，它是某種能力的施展，是幸福產生的基礎。[21] 按照亞里斯多德的說法，一個人的幸福在於其特長能力的自由發揮。對此，斯托拜烏[22]在其逍遙派哲學中也做出了闡述。他說，「幸福，意味著充滿活力地做擅長的事，並取得想要的結果」。[23]他解釋，自己所說的「事」是指各種需要運用技巧和能力去做的活動。大自然賦予人類力量，其根本目的是使人能與他所面對的苦難相抗衡，可鬥爭一旦結束，這些毫無用武之地的力量便會成爲他的負擔。因此，人應該不帶目的地運用這些力量，否則一旦力量無法排遣，就會陷入人生痛苦的另一端——

---

21 第一卷第七章與第七卷第十三、十四章。

22 斯托拜烏，一系列重要希臘作者摘錄的彙編者。　譯者注

23 《倫理學要素》，第二卷，第七章。

無聊當中。富裕的上層社會人士是無聊的最大受害群體。很久以前，盧克萊修[24]便描繪過他們的悲慘狀態，而其中的真理至今仍能適用：在每個大都市中，富人鮮少回到宅邸，因為待在那裡讓自己興趣索然，但他仍會回家，因為在外面情況亦不會有所改善，又或許他會心急火燎地奔往自己的鄉間別墅，好似趕去救火，但剛抵達不久，便又無所事事起來，只好藉助睡眠忘卻世事，或者又風塵僕僕趕回城中。[25]這些人在年輕時必是身強力壯、精力充沛，腦力卻有所欠缺，而到了晚年，他們不是智力全失，便是對想要做的事情無力應付，由此陷入悲慘的困境。不過，他們仍擁有欲望，這是唯一不會衰竭的力量。他們試圖用強烈的興奮感來刺激個人欲望，比如一擲千金的豪賭。

通常，一個人發現自己閒來無事，定會找些自己擅長的樂子，可能是保齡球或象棋、打獵或作畫、賽馬或音樂、紙牌或詩歌、研究文章、哲學或其他業餘愛好。我們可以系統研究這些興趣，將它們歸納為三類基本能力，這三種能力構成了人類三種快樂的源泉。所有人都能依據個人長處在它們之中尋找適合自己的那一類快樂。

第一，身體新陳代謝所帶來的快樂，包括吃喝、消化、休憩與睡眠所帶來的快

[24] 盧克萊修（約西元前九十九—約前五十五），古羅馬詩人與哲學家，著有《物性論》。　譯者注

[25] 《物性論》第三卷，第一〇七三頁。

樂，在某些國家或地區，它們甚至已成爲全民性娛樂。

第二，發揮肌肉力量所帶來的快樂，如散步、跑步、摔跤、舞蹈、擊劍、騎馬等諸如此類的體育愛好，它們時而是運動，時而又是軍事訓練或眞實的戰爭。

第三，感知能力帶來的快樂，如觀察、思考、感受所帶來的樂趣，或是研究詩歌、文化、音樂所帶來的樂趣，或是學習、閱讀、冥想、創新、哲思等帶來的樂趣。有關這類樂趣的重要性、相對價值以及持續時間等可以講的還有很多，但我要留予讀者自行補充。

不過人人都能發現，此時起作用的能力越是高級，帶來的快樂也越多，因爲愉悅的獲得必須透過個人能力的施展，而幸福在於頻繁反覆地獲取快樂。就此而言，沒人會否認由感知能力得到的快樂高於另兩類基本的快樂，這兩類基本能力在動物身上也能看到，而將人類與其他動物區分開來正是更強大的感知能力。感知能力表現爲精神力量，它的充沛爲我們帶來智力上的樂趣，感知能力越強，所獲樂趣越大。

普通人只會對能刺激個人欲念的事物興趣濃厚，即這件事符合他的個人興趣。然而，對欲念的持續刺激並非總是好事，換言之，它亦會帶來痛苦。紙牌遊戲算是「上流社交」中的全民娛樂活動，便是用於提供此類刺激，但它算不上眞正持久的興趣，而只是一種淺薄的愛好。實際上，紙牌遊戲對欲念的刺激不過是隔靴搔癢。另一方面，智力超群的人卻能夠對純粹的知識興趣十足，而無須欲念的參與。不僅如此，這樣的興趣對他更是不可或缺，能讓他遠離痛苦，感受如仙境般的祥和與寧靜。

別讓你的人生成了「活死人墓」

放眼芸芸眾生，滿是對個人安逸和狹隘利益的追求，卻由此不得不應付隨之而來的各種苦難困頓。一旦停止為這些目標操勞，不得不面對自我的時候，他們便即刻陷入百無聊賴之中，此時，唯有激情之火才能重新點燃他對生活的熱情。

另一方面，心智慧力強大的人，卻擁有思想內涵豐富、充滿活力又意義非凡的人生，因他自身便是最高級愉悅的來源。一旦他們全情投入，他的內心就被那些有價值、有趣味的事物占領。他所渴求的外在刺激來自大自然的饋贈，來自對人生、各個時代、各個國家偉人成就的思考。只有這類人才真正賞識這些傑作，因為只有他才能對其充分理解和感同身受。只有在他眼中，那些重要的事物才真實地存在過，也只有在他這裡，才能產生吸引力，而其他人不過是一知半解的道聽塗說者。

當然，智者的這一特質表明，他比其他人多了一點需求，即閱讀、觀察、學習、冥想、實踐的需求，因此，需要閒暇時光。正如伏爾泰所言——只有真正的需求，才能產生真正的快樂。這種想要探索自然、藝術與文學之美的需求，正是智者可以獲取他人難以企及的快樂的根本原因。對於大多數人來說，即使身處美景之中，但如果他們對這些事物毫不在意且無法欣賞，又如何能從中獲得樂趣？

在此，有智慧天賦的人將獲得兩種人生，肉體人生與智性人生，後者逐漸會被看作眞正的人生，前者不過是實現它的手段。而在其他人身上，這種淺薄、空洞又苦悶的肉體人生卻成了必然的目標。智者會始終把對智性人生的追求放在首位，不斷增長洞見與學識，這樣的智性人生，如同一件逐漸成形的藝術品，可以保持連貫、強烈持久、和諧統一並日臻完整。與之相比，致力於個人安逸的生活，可能充實，卻絕不會深刻，充其量不過是一場拙劣的作秀，而在我看來，這樣的人生不過是行屍走肉。

平淡的日常生活只要少了激情的鼓動，便沉悶乏味，但若受其刺激，又很快會招致痛苦。只有那些天生聰慧的人才是幸運的，其智慧已超越日常欲念所需，因而可以在日常生活之外，擁有充滿鮮活志趣且沒有痛苦的智性人生。不過，僅僅有閒暇（即智力不爲欲念所動的那段時間），還不足以支撐一個人過上智性生活，還必須要有眞正充裕的力量，使自己不受欲念的支配，由此才能全情投入到智力活動當中。正如塞內卡所言：毫無精神內涵的閒暇亦是死亡，一座活死人之墓。

智性的人生可以充滿建樹，但根據智力水準的不同也可以分出各種等級，它們可以是收集和觀察昆蟲、鳥類、礦石、硬幣，也可以是詩歌創作與哲學思辨這類最高成就。智性的人生不僅能夠防範無聊，亦能規避它的弊端，使我們遠離狐朋狗友以及當我們將個人幸福完全交托給外在世界時註定會遭遇的危險、不幸、損失和奢靡，就好比我的哲學雖從未爲我帶來財富，卻也爲我省了不少開銷。

天才總是孤獨又特立獨行

平凡的人將人生的幸福寄託於外物：財產、地位、妻兒、朋友、社交，諸如此類。因此當他失去這一切或不甚滿意時，他幸福的根基便已經崩塌。換言之，他的重心並不在於自身，而是隨著接連不斷的欲望和一時興起而不斷變換。

若他家底豐厚，這個重心則可能今天是在他的鄉村別墅度假，明天又成了購買馬匹、款待朋友或外出旅行。簡言之，他過著一般意義上的奢華生活，因爲他只能在自我之外的事物中尋找樂趣。如同一個體弱多病的人，爲重獲健康，他會嘗試服用各種湯藥，卻忘了強固自身的生命力才是健康的眞正基礎。

放下那些極端的例子先不談，讓我們先看看居於中間的那一類人，他可能才智並不突出，卻仍優於資質平平者，例如，他可能對藝術略有涉獵，專注於某門植物科學，或是哲學、天文學還有歷史，並在這些研究中找到十足趣味——在幸福的外在資源耗盡或無法再滿足自己時，將它們用作消遣。可以說，這類人的重心一部分在自己身上，但業餘藝術愛好與創造性活動大相逕庭，非專業的科學研究也易流於膚淺，難以觸及問題根本。這一類人無法全心投入此類追求，或是無法用它們塡補自己的全部人生，所以還是比較容易被其他事物所吸引。只有至高的智慧，即我們所說的天才，才能達到這一程度，他能將所有的時間與精力聚焦於某一主題，並力圖表達自己獨特的世界觀，並以詩歌或者哲學的形式呈現出來。

因此，對於天才來說，不被打擾地忙於自己的思想與作品，是非常迫切的需求，他樂於獨處，視閒暇爲至寶，而此外的一切都無足輕重，甚至成了累贅。

只有此類人的重心才完全放在自身，這就可以解釋，爲何這些鳳毛麟角的天才，無論性格多麼優秀，都不會和他人一樣常常表現出對朋友、家人以及社群的過多關注，因爲他們只要擁有自身，便不會爲失去其他一切而感到悲傷。正是由此，他們有一種孤獨的特質，尤其是當其他人從沒有眞正滿足過他的時候，這種特質會表現得更加明顯。不僅如此，因爲常常不得不面對這樣的差異，他們已習慣在人群中保持特立獨行，每每提到「一般人」，所用人稱都是「他們」而非「我們」。

由此我們可以得出結論，天生有慧根的人才是最幸福的，主觀因素對我們的影響比客觀因素更大是不爭的事實，因爲不論後者爲何，它們只能透過前者才能發揮作用。因此，客觀因素只能起到間接輔助的作用，琉善[26]對這一眞理做出了精闢闡釋：靈魂的財

---

26 琉善（約一二五—約一九二），古希臘諷刺作家與哲學家。　譯者注

富才是最貨眞價實的財富，其他一切的財富都伴隨著更大的煩惱。[27]

內在充盈的人，除了想要不被打擾的閒暇之外，對外界一無所圖，他用這些時間發展和完善自己的心智才能，這便是他享受精神財富的方式。簡而言之，終其一生，每時每刻，他都與眞實的自我爲伴。若命中註定他要給這個世界留下點什麼，那麼對他而言，衡量幸與不幸的標準僅有一種，即他是否能充分發揮自己的才華，完成自己的傑作，其他都是無足掛齒的。

相應地，各個時代的偉大思想家都最爲看重不被打擾的閒暇，它們同自我價值一樣重要。如亞里斯多德所言，「幸福似乎來自閒暇」[28]，而第歐根尼．拉爾修[29]則表示，「蘇格拉底讚揚閒暇爲最寶貴的財富」。因此，亞里斯多德在《尼各馬可倫理學》中總結道，「獻身給哲學的人生最爲幸福」，又或者如他在《政治學》中所言，「幸福是一切能力的自由發揮」。[30]這一觀點與歌德在《威廉．邁斯特》中所述也相符：「天賦異稟之人註定會施展自身才華，並在這一過程中獲得至高無上的快樂。」

---

27 《警句》十二。

28 《尼各馬可倫理學》，第十卷，第七頁。

29 第歐根尼．拉爾修（約二〇〇—約二五〇），古希臘哲學史家　譯者注

30 《政治學》，第四卷，第十一章。

痛苦的兩大根源：物質匱乏與精神空虛

普通人很難擁有不被打擾的閒暇，也很難擁有天賦異稟，因爲普通人的命運終其一生不過爲獲取個人及家庭的生存所需，他臣服於日常困苦，無法自由地發揮才智。因此，閒暇很快就成了普通人的負擔，若缺少假想目標的刺激，不去用遊戲、消遣和愛好來塡補時間，閒暇反而會變成痛苦，甚至會帶來危險，因爲無所事事總是會令人躁動不安。

另一方面，卓越的智慧，實屬偶然又異乎尋常。但如果眞的有人擁有這種天賦，那他想要的將正是他人視爲負擔又有害的閒暇，因爲若少了這種閒暇，他便會成爲被套上枷鎖的珀加索斯[31]，無法感到快樂。

如果外在不被打擾的閒暇和內在非凡的智慧，這兩種非常態的東西恰巧爲同一人所有，那便是最大的幸運。由此，這個人可以過上更高層次的生活，成功避開物質匱乏與精神空虛這兩種人類的痛苦的根源；他不用爲生存而苦苦掙扎，也不用擔心閒暇（它代

31 珀加索斯是希臘神話中的飛天翼馬，是文藝科學女神繆斯的標誌。　譯者注

表著自由的人生）所帶來的無聊。只有這兩種痛苦互相抵消時，人才能擺脫這些禍患。

但是也有一些相反的意見認爲，天賜的聰明才智意味著超常活躍的神經活動，從而導致了對各種痛苦的高度敏感性。此外，這類天賦還意味著激烈的個性和活躍的思想，因此對事物的感知更加透徹鮮明，從而帶來了愈加強烈的情感體驗，而這往往是痛苦大於快樂。此外，天賦異稟的人會疏遠他人及他人的行爲，因爲一個人的內在越豐富，從他人身上所獲便越少，而在他眼中，那些他人津津樂道的事物都顯得淺薄無趣。那麼，這也許又是無處不在的平衡法則的另一個實例。的確，人們會經常聽到這樣一種似乎不無道理的說法，蠢人的運氣雖然並不值得羨慕，但他們其實才是最幸福的人。我不想預先干擾讀者對此觀點的判斷，尤其是索福克勒斯[32]也曾闡述了兩個截然相反的觀點，一方面他說「聰明是幸福的主要前提」[33]；另一方面他又說，「無須思考的人生最是輕鬆愉快。」而在《舊約》中，哲學家們的說法也同樣存在矛盾：「愚者在世，生不如

32 索福克勒斯（約西元前四九六—前四〇六），古希臘悲劇作家。　譯者注

33 《安提戈涅》一三四七—八。

死」[34]、「多有智慧，就多有愁煩」，或者「增加知識的，就增加煩惱」[35]。

34 《埃阿斯》，五五四頁。
35 《傳道書》一，十八。

庸俗之人的鑑定標準

照我看來，智力平庸、眼界有限、缺乏精神需求的人，可稱之爲「菲利斯特人」，這一表述源於德語，曾是各大學中使用的俚語，隨後被更寬泛地用於指代被繆斯女神拋棄的人[36]，也就是「庸俗之輩」。從更高一層的意義來理解，這個詞可以用來形容那些總是專注於虛假現實的人們。但由於這一定義顯得深奧，不易爲大眾所理解，因此它在這篇面向大眾的文章中並不適用。第一個定義顯然更易闡釋，它能夠呈現出庸俗之輩的本質和根源——所謂「庸俗之輩」就是沒有精神需求的人，並由此進一步引申出其個人形象：首先他缺乏智力樂趣，因爲如前所述，人若缺乏眞實的需求，便得不到眞正的快樂。

庸俗之徒本身對知識和眞理缺乏興趣，對與之相關的眞正的美也毫無渴求。若這類樂趣是一種時尚，或者有權威命令，他會迫不得已去關注它們，但卻是極盡敷衍。他眞

36 繆斯是希臘神話中主司藝術與科學的九位古老文藝女神的總稱，作者在此處寓意缺乏這些才華的人。　譯者注

正的歡愉是感官享樂，並認爲這些能夠彌補其他快樂的缺失。對他而言，生蠔與香檳便是人間極樂，他的人生目標是追求帶來肉體享受的事物，若這些事讓他忙碌不已，他反倒會感到幸福。

如果一個人生來富貴，能輕而易舉地得到物質享受，他難免會感到無聊，但他亦有讓人眼花繚亂的應對之策，比如打球、看戲、宴會、打牌、賭博、騎馬、追逐女色、喝酒、旅行等，但這些並不能幫他擺脫無聊，因爲他沒有精神上的需求，也就難有精神上的快樂。

庸俗之徒的特徵便是麻木無趣，缺乏人生的重心，這與動物相似。沒有任何事物能讓他感到快樂、興奮或產生濃厚興趣，因爲感官享樂總是稍縱即逝，而他對社交也很快感到厭倦，甚至對打牌都覺得膩煩。還好，虛榮心帶來的快樂仍得以保留，他們要麼爲自己在財富、地位以及權勢等方面的優越感而沾沾自喜，要麼去巴結擁有這些東西的人，好讓自己臉上沾光——英國人稱之爲勢利小人。

就庸俗之徒的本質而言，他沒有精神需求，只有肉體需求，所以只會結交能幫助他滿足肉體需求的人。他對自己要交往的人最無期待的便是思想方面的能力，不僅如此，若他碰巧遇到聰慧之人，反而會產生反感甚至憎惡之情，因爲除了自卑帶來的不適感，他心中還會產生一種隱祕的妒忌——連他自己也會小心翼翼地否認其存在。儘管如此，這種嫉妒之情偶爾會發展成一種隱祕的怨恨。

即便如此，他依然對卓越的精神思想缺乏嚮往和尊敬，只會繼續追逐地位、財富、權力和影響力，將它們視爲這世上唯一的眞正優勢，且他亦希望自己能在這些方面長袖善舞。這一切皆緣於他缺乏精神需求。所有庸俗之徒的巨大痛苦在於他們對思想毫無興趣，並爲了避免無聊，他們只能不斷去現實中尋找安慰。然而，現實要麼是不盡如人意（現實的快樂總有窮盡之時），要麼便是危險重重，暗藏禍端。然而，思維的世界卻是浩瀚無邊又寧靜祥和，遠離一切人間愁苦。（在關於個人天賦、品質如何影響幸福的討論中，我主要探討了人類生理與智力的本質。關於道德對幸福直接與間接影響的論述，大家可以參考我的獲獎論文《論道德的基礎》。）

第三章　如何看待財富

財富如海水，越喝越渴

幸福學大師伊比鳩魯將人類需求精準地分爲三類：第一類是天然的本能的需求，如食物與衣服，這些需求比較容易得到滿足，但得不到滿足時便會招致痛苦。第二類是出於本能卻不是必要的需求，如某些感官享樂。（在第歐根尼．拉爾修的論述中，伊比鳩魯並未就感官快樂做具體說明，因此相比原文，我對他這一學說的論述更加明確詳細。）這一類的需求更難得到滿足。第三類是既非出於本能也非必要的需求，它是對揮霍無度與好大喜功的需求，如無底洞般無法塡補，且極難滿足[1]。

一個人要擁有多少財富才會滿足？這個標準很難界定。在此，一個人所擁有的財富絕對數量並非關鍵，關鍵的是他所擁有的財富數量，與他實際期望所擁有的財富數量之間的差距有多大。衡量一個人的幸福，若只以其所擁有的爲依據而忽略他所期望的，則如同在求分數時只有分子而缺少分母一樣徒勞無功。

---

1 比較第歐根尼．拉爾修《名哲言行錄》第十冊，第二十七章，第一二七頁及第一四九頁與西塞羅《論道德目的》第一卷，第三章，第十三頁。

一個人絕不會因爲未得到自己不想要的東西而心存惋惜，沒有它們也一樣快樂；但另一個人可能擁有前者一百倍的財富，但若無法得到他想要的東西，也仍然很悲傷。

事實上，各人因眼界不同，只會渴求自己能夠企及之物。若他有信心能實現自己視野所及的一個目標，便會感到快樂，但若過程中遇到阻礙，他便會感到痛苦，而眼界之外的事物則對他毫無影響。正因如此，窮人不會眼紅富人的金山銀山，反倒是富人的希冀一旦落空，他所擁有的財富不會給他帶來慰藉。

財富有如海水，越喝越渴，名聲也是如此。一個人失去榮華富貴後，當最初的悲痛得以平復，他的性情仍會一如往常，其原因在於，一旦命運削減了人的財富，他也會立即降低自身訴求。

當不幸降臨，降低需求的過程最讓人痛苦，而一旦完成，痛苦就會不斷減輕，直至澈底消失，如同癒合的傷口。相反，當好運到來，我們的欲求會不可抑制地持續攀升，而這一過程的樂趣就在於這種膨脹感。但當這一過程停止，這種膨脹感也隨之消失，快樂也會戛然而止——因爲我們已經習慣了欲望的不斷擴張，也因此對已經得到的財富感到麻木。在《奧德賽》中有一段文字描述了這一現實，我引用了其中兩句：「凡人總是搖擺不定，這是人神之父賜予的本性。」[2]

2 《奧德賽》，第十八章，一三〇—七。

我們之所以不滿足，是因爲我們的欲望越來越多，期待越來越高，但是卻無力去實現目標。

人類總是欲壑難填，因此，相比世上其他一切事物，財富往往受到更多的重視甚至崇拜。同樣，我們也無須感到詫異，當利益成了人生的唯一目標，一切對它沒有幫助的事物，都會受到其追隨者的冷落和拋棄，例如哲學。雖然見錢眼開、推崇金錢至上的人常受到譴責，但人類對金錢的熱愛卻是出自本能，是無可避免的。金錢如同不知疲倦的普羅透斯[3]，隨時能滿足人類飄忽不定的願望或五花八門的欲望。除它之外，其他的一切物品都只能對應一個願望或一種需求：飢餓時要吃食物、貪杯時想喝酒、生病時得吃藥、天冷了必加衣、年輕時才會想著熱戀，諸如此類。這些好處都是相對的，唯獨金錢才有絕對的好處，因爲它不僅能夠滿足某一具體需求，更能滿足一切抽象化的需求。

---

3 普羅透斯是古希臘神話中的海神，能夠經常變換外形，在文中作者藉由他比喻金錢變幻多端，可以滿足人類各種欲望。　譯者注

窮人比富人更容易揮霍無度

若一個人擁有獨立的資產，他應將其看作抵禦自身可能遇到的諸多不幸與禍患的堡壘，而不是供自己肆意尋歡作樂的工具，也不要認爲揮霍這筆財富就是天經地義。

出身貧寒，但憑藉自己的能力而最終賺得萬貫家財的人們，總以爲個人才華便是自己的資本，而他們獲得的金錢不過是它產生的利息。他們不會考慮將部分收入轉化爲固定資產，而是將賺來的錢揮霍一空。因此，他們常會陷入貧困，而其財產減少或花光的原因，可能是他們江郎才盡而被時代淘汰，如美術界就常發生這種事情，也可能是他們的才華僅在特定條件下才能發揮作用，但這種條件卻隨後消失了。

那些依靠自己手藝賺錢的人，自己賺多少花多少無可厚非，因爲他們的技能不會消失，同行也很難完全替代，而且這一類工作永遠都是有需求的，因此有句諺語說得有理：有用的手藝就是鐵飯碗。

對於藝術家和專業人士而言，情況卻大相逕庭，他們往往能獲取豐厚的報酬，但卻從不將錢轉化爲資產，而是把這些財富看作是自己才華衍生的利息，揮霍一空。

相比之下，財產繼承者們至少還懂得如何區分本金和利息，且他們中大多數人都盡力保障本金的安全和完整。此外，若他們有能力，至少會儲存八分之一的收益以備未來不時之需，因此這些人中的大部分可以維持自己的舒適生活。

關於本金和利息的論述並不適用於商人，因爲商人本來就將金錢看作增加收益的手段，就好像工人眼中的工具。因此，即便這些錢都是他自己賺來的，他們仍會盡全力運用這筆錢實現增值保值。因此，商人比其他任何階層的人都懂得如何運用金錢。

一般而言，體驗過貧窮的人對它的恐懼最小，因此相較對貧窮一知半解的人，他們也更容易鋪張浪費。事實上，出身優越的人通常比由貧窮到一夜暴富的人更在乎自己的前途，也更爲精打細算。由此看來，貧窮可能不至於那麼可怕。但實際上，含著金湯匙出生的人會將財富看作是生活的必需品，如同空氣那樣，他會如守護自己的生命一般捍衛它，通常都會有規劃、審愼又節儉。而那些生來貧困且對此習以爲常的人，若偶然致富，則會將錢財看作可供享受和揮霍的身外之物，如果把錢花光了，他能繼續好好過之前的窮日子，還省了一些煩惱，正如莎士比亞在《亨利六世》中所述：「乞丐若是有了馬騎，定要馬跑到死才甘休。[4]」不管出於理智還是情感，這類人對於命運和能力都抱有過度的信心，因此，與那些出身富裕的人相比，他們不會認爲貧窮是個爬不出來的無底深淵，而是安慰自己若有朝一日重回原點，他們還能再次勇攀高峰。

---

4 第三部分，第一幕，第四場。

人性中的這一特質，解釋了爲何婚前貧窮的女人常常比嫁妝豐厚的富裕女子更愛揮霍無度，因爲通常情況下，相比窮人家的女兒，千金小姐除了帶給丈夫財富，還懷有更多保存這些財富的殷切渴望，這是一種出自遺傳的本能。若有人質疑這種情況的眞實性，認爲恰恰相反，他能在阿里奧斯托的第一部諷刺作品中找到支援。不過，在另一方面，約翰遜博士[5]則同意我的觀點。如他所言，「富有的女人習慣與金錢打交道，會明智審愼地使用它，而結婚後才首次能夠掌控錢財的女人，則會熱衷於大肆揮霍、一擲千金」。[6]由此，我建議任何娶了窮姑娘的丈夫都不要將本金交予妻子，只需留下一份年金給她，並且不要讓她去打理留給孩子的那部分財產。

5　約翰遜博士指塞繆爾．約翰遜（一七〇九－一七八四），英國著名作家。　譯者注

6　詹姆斯．鮑斯韋爾：《約翰遜傳》。

足夠的金錢才能帶來自由的生活

我建議人們謹慎保存自己賺來的收入與得到的遺產，我相信這個建議會很有價值。因爲足夠的金錢才能讓人過上獨立富足的生活，即使不工作也能舒適度日——即便那些錢只夠支持他自己而非整個家庭——這也是一個不小的優勢，這意味著對貧窮這種慢性疾病的免疫，它將人們從奔波勞苦的天然宿命當中解放出來。只有這般受命運青睞之人，才能被看作是眞正自由的人，即他個人時間和力量的主宰者，他能夠在每天早晨說：今天屬於我自己。

出於同樣的原因，薪資一百元和薪資一千元的人之間的差異，遠遠小於薪資一百元與毫無收入者的差距。

不過，遺產只有在擁有高級天賦的人手中，才能實現其最大價值，這種人所追求的人生絕不是賺錢，他天生富有又聰慧，可以盡情發揮自己的天賦，實現他人無法企及的成就，造福蒼生，名滿天下，百倍償還他從這俗世得到的一切。

對於其他富貴之人來說，則可以利用自己的財富來進行慈善活動，服務他人。

然而，那些從不參與甚至不願嘗試這類事務，以及從未試著深入研究某一門學科並力所能及地推進其發展的人，即便出身富貴，也不過是個遊手好閒、虛度光陰、遭人鄙視的人。他甚至不會感到快樂，因爲對其而言，脫離貧困只會讓自己暴露在人類痛苦的另一個極端——無聊之下，這對他來說是一場災難——若能與貧窮爲伍，到處奔忙，也許反而會更加幸福。同樣地，因爲他無所事事，所以更可能會揮金如土，從而喪失財富——當然這一表現也證明了他不配得到這份財富。無數有錢人身陷貧困，只因他們在擁有金錢時就大肆揮霍，以減輕無聊感的折磨。

出身貧寒的人亦有優勢

但若一個人的目標是在仕途上取得成功，情況則大有不同。這時，至關重要的是贏得他人支持、廣交朋友、拓展人脈，好在晉升的路上步步攀登，直至權力巔峰。

對於一個有政治抱負的人來說，出身貧寒也許更爲有利，如果他並非來自富貴之家，具有一定的才華，一貧如洗反而會對他更有幫助，甚至可能得到貴人的提攜。人與人在交往時，最喜歡做的就是證明自己的優越性，而這一點在政治中體現尤甚。只有很窮的人才會認爲自己在方方面面低人一等，對自己的一文不名和毫無價值深信不疑，從而才能在政治機器中死心塌地地效力[7]。他是唯一可以保持低姿態甚至在必要時卑躬屈膝的人，只有他能夠服從一切並一笑置之，只有他知道美德一文不值，只有他不吝使用最洪亮的聲音和最誇張的溢美之詞給上司或任何居高位者歌功頌德，若這些人隨意塗鴉

---

[7] 這裡很可能也是叔本華對黑格爾的衆多嚴厲攻擊之一，其產生原因是作者眼中黑格爾對自己所處時代政府當局卑躬屈膝的姿態。黑格爾哲學體系雖催生出了衆多自由理念，但無疑他在世時的影響為普魯士官僚主義提供了有效支援。　英文譯者注

幾筆，他准能將其誇爲一幅傑作，也只有他深諳如何阿諛奉承。所以，這些人從年輕時起就知道如下眞理——歌德曾這樣寫道：「不用抱怨卑鄙和下流，它們才是這世上最強大的力量。」

另一方面，那些出生於富貴之家的人通常生性獨立不羈，他習慣昂首挺胸做人，對上述招數不甚了解。即使有幾分才華，但他應該知道才華這種東西確實無法與諂媚庸俗的伎倆相抗衡。長遠來看，他會發現那些身居高位者實則卑鄙平庸，因此當他們想要羞辱自己時，便會產生逆反心理，但這並不符合政界的生存法則。不僅如此，這樣的人最終可能會贊同伏爾泰的感言：「人生苦短，不值得浪費在對卑鄙小人的曲意逢迎之上。」可惜我要說的是，這種卑鄙小人絕不在少數。朱維納利斯[8]說：「若才能被貧困所埋沒，人們也很難大展宏圖。」這一說法更適用於藝術與文學領域，而非政治領域。

在「如何看待財富」這一部分中，我並不認爲妻子兒女是一個男人的財富，相反地，一個男人才是他的妻子兒女的財富。朋友可能更像是他的財富，但這也是相互的。

---

8 朱維納利斯，古羅馬諷刺詩人。 譯者注

第四章　如何看待別人的評價

過於在乎他人看法是人性的弱點

人性特有的一項弱點是過於在乎他人對自己的看法。其實他人的看法與我們的幸福並沒有什麼關係。因此，當人們聽到他人對自己的好評或滿足個人虛榮心的奉承話時為何會如此愉悅，著實讓人費解。

若你輕撫一隻貓咪，牠會發出滿足的咕嚕聲，而同樣當你讚美一個人時，他也忍不住面露喜色。即使這份讚美是顯而易見的謊言，但只要是能引以為傲的事，他仍會欣然接受。若有人讚美，一個人便能在面對悲慘遭遇或缺乏前文提到的兩種幸福時得到慰藉。與此相反，當一個人自尊受挫或經受任何貶損、輕怠與漠視時，無論這種傷害的性質、程度與原委為何，他定會惱羞成怒，甚至可能陷入極度痛苦之中，這實在讓人感到驚訝。

人的榮譽感源自人性的特質，如果作為道德的代替品，它可以對大多數人產生有益的影響。

但對於幸福而言，尤其是對幸福起決定性作用的平和心境與獨立個性而言，它帶來的更多是不利影響。由此來看，應該對人性的這一弱點加以限制，要恰當考量和正確評估他人對自己的評價，不用對此過於敏感。不論這些看法是讚美還是貶低，是讓人滿足還是讓人苦悶，都應該淡然處之。如若不然，一個人就會成爲他人意見的奴隸，正如賀拉斯所說，「想要擾亂或撫慰那些對褒獎如飢似渴的心靈，可謂不費吹灰之力」。

別活在他人的眼光中

若我們能夠對「一個人的自我評價」和「外人對他的看法」這兩者的價值進行正確評估，這對我們的幸福將大有裨益。「一個人的自我評價」是我們人生中發生的一切並構成了人的一生，簡言之，它們是前文有關個人品質與財富部分中所列出的各項內容，且都只發生於個人意識之中。「外人對他的看法」也只囿於他們的意識，是我們在其眼中的形象以及由它激發出的想法[1]。但對個人而言，這並非即時直觀的存在，它只能對我們造成間接迂迴的影響，以及指導他人對我們的態度。只有當別人的看法使我們對自身的看法有所改變時，才談得上是對我們有所觸動的。

除此之外，他人的看法對我們無關緊要，而隨著時間流逝，一旦我們認識到大多數人的思想是多麼膚淺，觀念是多麼狹隘，態度是多麼卑劣，性情是多麼乖張，見解是多麼荒謬，自然會對此淡然處之。此外，由經驗也可以知道，一個人在對他人毫無忌憚

---

1 容我做如下評論——生活中那些光鮮奪目、氣派非凡、耀武揚威、盡享榮華富貴又好大喜功的上層人士，有充分理由可以說：我們的快樂完全源自外界，因為它只存在於他人的頭腦之中。

或認爲自己的言論不會傳到他人耳中時，會做出怎樣尖酸刻薄的評價。了解這些後，他人的看法自然也就不會在我們心中引起任何波瀾。若有機會看到偉人們備受一眾蠢材蔑視，我們應明白過於重視他人的觀點，那可眞是抬舉他們了。

無論如何，當一個人無法從自我和外在財富中找到幸福，而是要從他人對自己的看法當中才能獲得滿足，這就實屬不幸了。因爲，人類存在的基礎以及幸福的基礎，首要便是身體健康，其次則是悉心維護個人獨立與自由的能力，這些才是關鍵要素。而像榮譽、地位、名望這些東西，無論我們多重視，都無法與關鍵要素相提並論，在必要之時，所有人都應該毫不猶豫地將之捨棄。

我們要及時認清一個樸素的眞理：每個人必須眞實地生活於自我的皮囊當中，而不是生活在別人的看法當中。因此，我們個人生活的實際情況——健康、性格、能力、收入、伴侶、子女、朋友、住所等，比他人對我們的看法重要得多，若無法認清這一事實，我們將陷入不幸。若有人堅持認爲榮譽高於生命，也就意味著，將他人的看法澈底凌駕於生活與幸福之上。當然，這可能只是一個平淡事實的誇張表述——我們若想在世界上有所建樹，名譽聲望，亦即外人對自己的看法是不可或缺的，我將在稍後再探討這一問題。

我們發現，人們全心全意、竭盡全力、排除萬難想要追求的一切，其最終目的只是獲取他人的誇讚，將職位、頭銜、勳章、財富甚至知識[2]與藝術作爲終極追求，都只是爲了得到他人更多的敬重，這難道不是人類愚蠢的可悲證據嗎？過於看重他人的意見是一種慣常的錯誤，這或許是人性當中天生的弱點，也或許是文明與社會演化的結果。但不論根源是什麼，它都會對人類行爲產生極大的影響，並危及我們的幸福。顧忌「別人會怎麼說」，可以視爲一種奴性，原因在於人們對他人的評價感到畏懼，一個極端的例子是弗吉尼厄斯[3]將匕首插入他女兒的心臟。

許多人爲了死後的榮譽而犧牲平靜、財富、健康甚至生命。這種情感對於想要控制他人的人來說堪稱利器——在各種「塑造」人的手段中，維持和強化榮譽感都占據了重要地位。但就人的幸福而言，榮譽感又完全是另一回事。

2 一個人擁有的知識在他人眼中才有價值（柏修斯，第一冊，第二十七頁）。

3 弗吉尼厄斯，《坎特伯利故事集》中〈醫生的故事〉一篇的人物，弗吉尼厄斯為了自己的女兒不落入強取豪奪的法官阿比烏斯之手，而將女兒殺害。 譯者注

世俗的目光虛幻而空洞

我要提醒人們不要過於重視他人對自己的看法。但日常生活經驗證實，這卻是人們的慣性錯誤——大多數人恰恰最爲看重他人的意見，對其關注程度更甚於對自我意識的關注，而後者才是最直接最眞實的存在。他們顚倒了虛實，將他人的意見當成現實，卻把自己的意識看作是虛妄，喧賓奪主地認爲自己呈現給外界的形象比自我更爲重要。透過間接條件來獲取直接結果，這就是所謂的虛榮——缺乏切實內涵和內在價值，虛幻而空洞。就像守財奴，這類人爲了省錢不擇手段，但卻忘了錢本身的意義是什麼。

事實上，我們對於他人看法的重視以及爲獲得讚美而做出的努力，與我們預期的結果並不相符。這種對他人態度的關注可以看作人類與生俱來的集體狂熱。無論我們做什麼，我們首先考慮的便是他人的看法，而生活中的麻煩困擾，有近一半源自這些看法帶給我們的焦慮，而這也恰恰是脆弱敏感的自尊心、虛榮、自負、作秀和炫耀的根源。若沒有這種焦慮，世間的一切浮華絕大部分將煙消雲散。

所有的驕傲、榮譽，無論類別、範圍如何，其本質都是基於他人的看法。對榮譽感的渴求在孩童時期便已顯現，貫穿於人生始終，至年老後達到頂峰，因爲當獲取感官享樂的能力衰退，人僅剩的指望便是虛榮與驕傲。法國人對虛榮的追求便是一個最佳範例，常常表現爲荒誕的野心、荒謬的民族虛榮心與無恥至極的自吹自擂。然而，他們卻搬起石頭砸了自己的腳，受他國人恥笑，被戲稱作「偉大民族」。

在這裡，有一個對他人意見極度重視的反常例子，容我引用一八四六年三月三十一日《泰晤士報》中的一篇報導，它詳細記錄了一個名叫多瑪斯・維克斯的人士是如何犯下死罪的：這位學徒爲尋仇殺死了自己的師父。這個故事的背景和人物比較特殊，但對論證我們的觀點非常適用，突顯出那種深深扎根於人性之中的愚昧，並讓我們對這種愚昧所能達到的程度有了確切了解。

根據報導，在行刑當日早晨，尊敬的教區牧師早早便出席陪同，但維克斯神色平靜，對牧師顯得毫不在意，唯一讓他感到焦慮的是，要如何在圍觀死刑的群眾面前表現得更加英勇。終於，維克斯成功地顯示出了無畏的勇敢，他穿過教堂庭院，輕快地走向絞刑臺，然後用身邊人都能聽到的音量說道：「現在，如多德博士所言，我很快便能了解那個偉大的祕密了。」這位可憐的罪犯獨自登上絞刑臺，還向圍觀者鞠了兩次躬，這一行爲引得臺下的人群發出巨大的歡呼聲。

這是一個對「榮譽」過分關注的絕妙例子，一個人即將奔赴最可怕的死亡，此後將陷入漫長的永恆，而此時他在意的卻只是給一群看熱鬧者留下好印象，還在擔心他死後別人會怎麼看待他。在勒孔特[4]的故事中也是如此，他因謀殺國王未遂，於同年在法蘭克福被處決。在上議院的庭審中，他因自己無法穿上得體的衣著而憤怒異常，而在行刑當日，更是因爲沒有獲准剃鬚而痛心疾首。同類事件並不只在近代發生，馬特奧·阿萊曼[5]在他的著名浪漫主義小說《古斯曼·德·阿爾法拉切》的〈引言〉中告訴我們，許多鬼迷心竅的罪犯並沒有在生命的最後時刻安撫自我的靈魂，而是爲了準備和背誦臨終感言費盡心思。

我之所以引用這些極端例子，是因爲它們更澈底地展現了人性。也許在大多數情況下，我們的各種焦慮情緒——擔憂、愁苦、煩擾、困難、不安和委頓，皆緣於他人對我們的評價。在這一點上，我們同那些罪犯一樣愚蠢。妒忌與憎恨也常因此而生。

4　勒孔特指皮埃爾·勒孔特，路易·菲利浦的行刺者。　譯者注

5　馬特奧·阿萊曼（一五四七—約一六一四），西班牙著名作家。　譯者注

遠離虛榮帶來的痛苦與不幸

顯而易見，幸福主要源自內心的平和滿足。

要增進幸福，就要減少人性本能的衝動，將其控制在一個合理範圍，比如現在的五十分之一。

由此，我們就拔掉了那根總是引起疼痛的肉中刺。但這是一件很困難的事，因爲這股衝動是人類的一大劣根性。塔西佗[6]曾說過，「對名譽的渴望是智者最難以擺脫之事」[7]。

要想杜絕這種普遍存在的愚蠢行爲，唯一的辦法就是認識到這種行爲的愚蠢。首先，人類頭腦中的大多數觀點都是虛假、歪曲、錯誤且荒謬的，因此它們也並不值得重視。其次，在大多數情況下，他人的意見對我們都很少有眞實積極的影響。再者，他人的意見通常都不中聽，一個人聽到別人對他的評價或者了解到人們提及他的語氣時，便

---

6 塔西佗（約五十五—約一二〇），古羅馬政治家、歷史學家。 譯者注

7 塔西佗：《歷史》，第四卷，第六頁。

會非常鬱悶。最後，我們應當明確「榮譽」本身並沒有直接價值，而僅具有間接價值。

若我們能摒棄沽名釣譽這一普遍存在的通病，對於我們獲得心靈的平靜與快樂將極有幫助。同樣地，我們也會展現出更爲堅定和自信的精神面貌，言談舉止也會更加眞實自然。隱居生活之所以對於我們內心的寧靜極爲有益，這主要是因爲我們不用再生活在他人的視線之下，也無須再去關注他們的看法。總而言之，我們可以回歸自我了。同時，也可避免諸多不幸，因爲若是愚昧地去追求虛榮會誤入歧途。由此，我們才能更多地去關注眞正的現實，不受打擾地享受生活。不過，正如希臘俗語所說——「好事從來多磨。」

驕傲植根於信念之中

人類天性中的愚蠢，衍生出了三條枝椏：野心、虛榮和驕傲。虛榮和驕傲之間的差別在於：驕傲是一個人確信自己在某些方面擁有重要價值，而虛榮則是渴望別人相信自己在某些方面有價值。通常這種虛榮還伴隨著一種隱祕的期望：透過讓別人相信而獲得眞正的自信。

驕傲是發自內在的，是直接的自我欣賞；虛榮則是來自外在的、間接達成的自我欣賞。因此，我們會發現，虛榮的人健談，而驕傲的人沉默。但虛榮的人應該明白，想要獲得一心追求的別人的好評，即使他能口吐蓮花，但相比起誇誇其談，保持沉默能更容易、更有把握地達到目標。不是誰假裝驕傲就能眞的驕傲起來的，過不了多久就會和其他人一樣，原形畢露。

只有對自己的突出長處和特殊價值有著堅定的、不可動搖的確信，才能眞正驕傲起來。這或許是一種錯誤的確信，或者這種確信只是基於外在和泛泛的優點，但只要他眞正相信自己擁有這些優點，他就能驕傲。驕傲既然植根於信念之中，那麼它就像其他所有形式的知識一樣，並不是我們能夠主觀裁定的。驕傲最大的敵人，亦即最大的障礙——就是虛榮。虛榮是爲了博取他人的讚許，在此基礎之上贏得他人對自我價值的高度評價，而驕傲則是建立在對自我的高度評價之上。

謙虛不一定是美德

驕傲確實常常受到批判和詆毀，我猜想，這些批判者和詆毀者，通常自身沒有什麼值得驕傲。鑑於大多數人的厚顏無恥和愚蠢無知，擁有長處或優點的人一定要牢記於心。因爲如果一個人秉性純良，善意地隱藏自己的這些優點去和普通人交流，與他們打成一片，那麼其他人也就會想當然耳地認爲這個人和自己是同一類人。

上述這一點意見，我要特別推薦給那些具備最高級長處的人，這種長處不像勳章或者頭銜那樣隨時都會被人注意，而是一種純正的、烙印在天性中的優勢。如果過於低調，最終會招致別人的輕視，或者出現羅馬人口中那樣的場景：一頭豬反倒去教導智慧女神。[8]或者像阿拉伯那句極妙的諺語：「跟奴隸開玩笑，他會立刻忘形。」我們也不該忽視賀拉斯所說的：「有資格自豪就應當自豪。」[9]

毫無疑問，當謙虛成爲一種美德，愚人就占到了便宜，因爲要是每個人口中的自己

8 此處原文為拉丁語：「sus minervam」。 譯者注

9 此處原文為拉丁語：「sume superbiam, quaesitam meritis.」，出自賀拉斯的《頌歌》。 譯者注

都是愚人，那所有人都處在同一水準上。這樣一來，世界就只剩下愚人充斥其中了。

最廉價的驕傲就是民族自豪感。如果一個人爲他的國家感到驕傲，那也就說明他自己本身沒有什麼值得驕傲的地方，否則他也不必和億萬同胞同享這種驕傲感了。擁有出眾個人品質的人，會更加容易看清他的國家在哪方面存在缺陷，因爲這些缺陷時刻呈現在他的眼前。可是那些可憐的蠢蛋，自身沒有半點值得驕傲的東西，民族自豪感就成了他們最後的選擇。於是，他們竭盡全力地投入到捍衛自己國家的缺點和愚蠢中去，樂此不疲，只爲從中補償自身驕傲感的缺失。舉個例子，如果你說英國是個愚蠢且固守己見的國家，你在一群五十來歲的英國人中間是找不到贊同者的。但如果眞的有那麼一個贊同者的話，那他可能恰好是個聰明人。

德國人沒有民族自豪感，這說明了他們有多麼誠實，這種誠實眾所周知！反倒是那些矯揉造作地假裝爲國家感到驕傲的德國人，他們才是不誠實的——主要是「德意志兄弟」和一些政治說客，他們奉承民眾，然後將他們引入歧途。我聽他們說過，火藥是德國人發明的。對此我表示懷疑。利希滕貝格曾問道：「爲什麼沒有人會冒充德國人？如果要冒充的話，一般也喜歡去冒充法國人或者英國人，這是爲什麼呢？」

我想這或許是因爲一個人的個性遠比民族特性重要得多，一個有個性的人比起民族特性更值得千萬倍地重視。既然無法脫離龐大的群眾去談論民族特性，那麼便不可能在眾口一詞的高聲稱讚中仍然保持誠實。在每個國家，人的乖張、剛愎、卑劣集中表現出來，這就是所謂的「民族特性」。我們對某一民族反感，進而褒獎另一個民族，直到我們對這個民族也同樣反感。每一個民族都在嘲笑其他民族，這不過是五十步笑百步而已。

所謂地位，不過是一個謊言

我們向這個世界呈現的樣子，或者說他人眼中的自己，還可以進一步分爲：地位、名譽和名聲。

我們先來說說「地位」吧。雖然地位在普通大眾眼裡相當重要，是國家機器運轉的傳動軸，但我可能幾句話就可以講完。

地位有著非常世俗的價値。嚴格來說，這是一個謊言。透過地位來獲得他人的虛假尊重，事實上，這是徹頭徹尾的荒誕鬧劇。

可以這麼說：勳章就是匯票，可以支取大眾的看法，而它們的價値是由簽發者的信譽來衡量的。當然，勳章作爲金錢的替代品，爲國家省下了一大筆開支。此外，如果勳章是有選擇性地、公正地發放的話，那它還是非常有用的。因爲大眾看得見、聽得到，但是也僅限於此，他們並沒有什麼判斷能力，記性也不好。很多人對於這個國家的貢獻，是超出了大眾的理解範圍的，這些貢獻在當下會受到他們的重視和讚美，但過不了多久就會被忘記。因此，我認爲這種方式非常妥帖，用一枚十字勳章或者星形勳章，隨時隨地提醒人們：這枚勳章的主人和你不一樣，他做出了貢獻。但如果有失公允、毫無選擇性地發放或者發放數量太多的話，那它就完全失去了價值。所以，國王在授予勳章的時候，要像商人簽匯票那樣謹慎才行。勳章無須刻上「卓越貢獻」，每枚勳章本身都包含這層意義，這不言而喻。

名譽的定義

名譽是個比地位大得多，也更加複雜的問題。我們先來試著去定義它吧。

如果我說：「名譽是外在的良心，良心是內在的名譽。」無疑相當多的人會同意這種說法。但這種說法是對事實的藻飾，並未觸及「名譽」一詞的根本。我更傾向於認爲：客觀上，名譽是他人對我們的價値的看法；主觀上，名譽是我們對他人看法的重視。從主觀的看法來看，有名譽加身的人，需要產生正面有益的影響，這種影響肯定不只是純粹道德上的影響。

只要一個人還沒有徹底地墮落，那他就一定有名譽感和羞恥感，也一定會珍視自己的名譽。理由如下：單靠一個人的力量是很難有所作爲的，就像荒島上的魯賓遜一樣。只有在集體社會中，一個人的能量才能充分地發揮。

當一個人的自我意識開始發展之後，他很快就會認識到這一點，並且會渴望自己被社會認可爲一個有用的人，一個能夠承擔責任的「男子漢」，從而有資格分享社會帶來的益處。要成爲這樣一個有用的社會成員，必須要做兩件事：第一，把社會成員本分的事情做好；第二，把處於特定社會位置上而必須要做的、人們期望他做的事情做好。

但他很快就會發現，自己是否是一個有用的人，並不取決於自己的意見，而是取決於別人的看法，所以他就竭盡全力去討好他人。這也就是爲什麼他如此重視別人的看法。這種原始的、與生俱來的天性特徵，就是所謂的「名譽感」，或者從另一個角度來說——「羞恥感」。正是這種羞恥感，讓他在別人給出負面評價時臉紅。哪怕他知道自己是清白無辜的，或者他僅僅犯了一個無關緊要的錯誤，也依然如此。這世上沒有什麼事情比獲得別人源源不斷的信任更能增加一個人的勇氣了。因爲這意味著每個人都會給予他說明和保護，而他憑藉著這堵比自身能力強大得多的防護牆，可以對抗生活中的所有不幸。

人與人之間存在著各種各樣的關係，主要分爲三種：普通的「你」、「我」之間的關係、契約關係和男女兩性間的關係。一個人需要在這些關係中獲取他人的信任（也就是他人的好感），由此引出了與之對應的名譽劃分：公民名譽、公職名譽和性別名譽。

公民名譽：公民自身直接展示的品質

「公民名譽」涵蓋的範圍最廣。它存在的前提假設是：我們無條件地尊重他人的權利，絕不用不正當的或者法律許可之外的方式來爲自身謀利。這是人與人之間和平交往的條件，任何人如果明目張膽破壞這一原則，都會受到法律的懲罰。當然，這種懲罰必須是公正的。

名譽的基礎就是人們對於「品德是不可改變的」這一觀點的確信不疑：如果一個人有一次錯誤的行爲，就預示著以後在類似情況下，他的此類行爲都是錯誤的。關於這一點，英語單字「character」表達得很清楚：信用、聲望、名譽。因此，名譽一旦丟失，便一去不返。除非名譽是由於誤會而丟失的，比如被人惡意中傷，或者自身的行爲是正確的，但卻受到他人的誤解。正因爲如此，才有了對付誣衊、侮辱甚至書面誹謗的法律。侮辱充其量只是謾罵而已，是一種毫無根據的誣衊。有句希臘俗語說得好：「謾罵就是隨意的誹謗。」確實如此，如果一個人謾罵另一個人，那只能說明他並沒有實在的證據來指責他，否則的話，他大可以將這些證據擺出來，剩下的就由他的聽眾自己去下結論了。而實際上，他僅僅做了結論而沒有擺出證據，覺得人們會相信他是爲了圖簡便而買他的帳。

「公民名譽」當中的「公民」確實源自「中產階級」，但是公民名譽這一概念卻適用於所有階層，甚至最高階層。沒有人會漠視公民名譽，它是非常嚴肅的事情，任何人都不能掉以輕心。一個人如果辜負了別人的信賴，那他就永遠失去了別人對他的信賴，不管他做什麼，不論他是誰，都是如此。失信於人，苦果一定在所難免。

從某種意義上來說，名譽有一種負面特性，而相比之下，名聲有著正面特性。因爲一個人有名譽，並不意味著別人認爲他身上有著獨一無二的品質。他的名譽只是說明他並不缺少每個人都具有的品質，並且不會背棄它。因此，有名譽意味著這個人不是例外，而有名聲才能證明這個人與眾不同。名聲是必須去掙來的，名譽只是需要保持的。沒有名聲頂多是籍籍無名，但沒有名譽則是一種恥辱。名譽的這種否定性質和其他任何事物的消極性質都不一樣，名譽是超出其他具體事物之上的。它是唯一一種由人自身直接展示的品質，完全與人的行爲相關，並且不受他人行爲或者外在遭遇影響，是完全取決於自身的東西。這一特點，正是眞正的名譽和那些虛假名譽或者類似騎士頭銜的區分標誌，我們在下文將會提到。

誣衊誹謗是從外部侵犯名譽的唯一方式，而抵抗這種侵犯的唯一方法就是將這些誣衊誹謗或者罪魁禍首公之於眾。

人們尊重老年人，是因爲人到了老年，名譽清白與否，其人生經歷已經給出了答案。而年輕人雖然暫時保有名譽，但尚未經過時間的檢驗。實際上，年齡和閱歷都不足以成爲年輕人就該尊重老年人的原因。就年齡看，一些低等動物的壽命和人的壽命一樣，甚至更長，而所謂的閱歷，也只不過是對世事有較深入的了解罷了。爲何世界各地都要求年輕人尊重老年人？很明顯，高齡帶來的虛弱，要求人們給予老年人的是照顧而不是尊重。值得注意的是，白髮確實受到人們直覺的、本能的尊敬，而能夠更加確切地展示年齡的皺紋，卻沒有這種待遇。人們不會說「令人肅然起敬的皺紋」，而總會說「令人肅然起敬的白髮」。

名譽只有間接的價值。我在本篇開頭就解釋過，別人對我們的看法，如果會對我們自身產生什麼影響的話，也僅限於和我們一起生活的人或者和我們有來往的人，他們的看法會影響到他們對我們的行爲。但在一個文明的國度，我們的自身安全和財產安全都仰賴社會，我們做任何事情都離不開他人的幫助，別人也只有信賴我們，才會和我們有來往。所以，別人對我們的看法是非常重要的，雖然我無法認定，這種看法有什麼直接的價值。西塞羅也同意這種看法，他寫道：「我非常同意克里西波斯[10]和第歐根尼[11]曾說的：美名若無用處，便不值得花半點氣力去獲取。」愛爾維修[12]在他的巨著《論精

10 克里西波斯（約西元前二八〇—約前二〇六），古希臘哲學家，斯多葛學派哲學集大成者。　譯者注

11 第歐根尼（約西元前四〇四—約前三二三），古希臘哲學家。　譯者注

12 愛爾維修（一七一五—一七七一），法國哲學家、作家。　譯者注

神》中，花費大量篇幅去討論這一眞理，得出結論：「我們享受被人尊重，並不是因爲尊重本身，而是因爲被人的尊重帶來的好處。」由於結果永遠比手段重要，因此「名譽比生命還要珍貴」這句話肯定是言過其實的。關於公民名譽，我們就談到這裡。

公職名譽：地位越高，名譽也越高

「公職名譽」，就是人們通常認爲擔任公職的人必須具備能夠良好履行職責的素質。一個人在國家中承擔的職責越重大，地位越高，產生的影響越大，人們對於他的道德品質和智力素養的要求也就越高。所以，地位越高，所獲得的名譽相應地也就越高，其名譽透過頭銜、勳章以及別人對他畢恭畢敬的態度而體現出來。通常，一個人的官職與其應有的名譽相對應，然而大眾在判斷地位的重要性時，可能會把握不準確。但事實上，承擔特殊責任的人比起普通民眾確實擁有更高的名譽。對於普通人來說，名譽主要在於與羞恥劃清界限。

公職名譽還進一步要求擔任公職的人——出於對同僚和繼任者的考慮——必須尊重這一職位。要做到這種尊重，必須盡職地履行職責，擊退任何針對個人名譽或者公職名譽的攻擊。例如，他不可以對諸如「公職人員沒有履行職責」，或者「沒有爲公眾謀福祉」等言論置之不理。他必須透過法律手段來證明，這種沒有正當理由的攻訐是錯誤的。

公職名譽涉及的人員不僅僅是官員，還包括在任何領域對國家做出貢獻的人，如醫生、律師、教師，總之，只要是從學校畢業，或者透過其他公共途徑證明具備某項特殊技能，並且願意投身於這項工作中的所有人，都享有公職名譽。軍人名譽也屬於公職名譽範圍。軍人宣誓保衛國家，並且具備為國效力的素質，特別是勇氣、力量和意志，做好了隨時爲國家而戰死的準備，在任何情況下都不會拋棄自己宣誓效忠的旗幟。我在此所說的「公職名譽」，比其常規的含意要廣泛得多，常規的含意僅是民眾對公職人員的尊重而已。

性別名譽：女性名譽比男性名譽重要

至於「性別名譽」及其原則，我們需要更爲細緻的觀察和分析。我認爲這也將證實我之前的觀點：所有的名譽都建立在功利的基礎之上。性別名譽天然地可以分爲兩種——女性名譽和男性名譽。從雙方的角度看，我們都可以把它理解爲一種「團隊精神」。女性名譽比男性名譽重要得多，因爲女性生活中最重要的事情，是她與男性的關係。

人們普遍認爲，女性名譽就是：待字閨中時保持純潔，作爲妻子時忠貞不貳。這種觀點之所以重要，是出於以下的考慮。男性之於女性，是生活中的一切關係的依靠；而女性之於男性——如果可以這樣說的話——只是所有關係中的一種而已。這種相互關係會產生這樣的約定：男性承擔女性一切需求，以及撫養他們結合而得的子女。所有女性的福祉都建立在這一約定之上。

要實現這一目的，所有女性必須團結在一起，展現其「團隊精神」，形成一個整體，對抗她們共同的敵人——男性。男性由於擁有更優越的身體和智力，占盡了世間的好處。女性群體團隊合作圍攻男性，然後征服他們，以便從他們身上分得一杯羹。爲此，女性名譽的維繫，就在於強制推行一個規定：除婚姻之外，絕不把自己獻給其他男性。以此來強迫男性「投降」，與女性結婚。這樣一來，整個女性群體才能得到保障。但是，這一結果只有在嚴格遵守上述規定的基礎上才能達到，因此，所有女性在遵守規定上展現出了眞正的團隊精神。任何一個女孩違反這一規定，都是對整個女性群體的背叛，因爲如果每個女性都像她那樣的話，所有女性的福祉都將遭到破壞。所以，背叛者將會爲人所不齒，喪失名譽，受到其他女性的驅逐。沒有女性再會跟她有任何來往，都像躲著瘟疫一樣躲著她。同樣地，如果哪個女性背叛了婚姻，也是同樣的下場。因爲她違反了男性當初與之簽訂的「投降契約」，她的這種行爲，會讓其他男性感到恐慌不敢再「投降」，從而也會危及其他女性的福祉。不僅如此，這種欺騙和對婚姻契約的粗魯破壞，會令她不僅丟掉女性名譽，公民名譽也不保。這就是爲什麼，我們會對女孩手下留情，將她的名譽損失降到最低，而已婚女性卻不行。因爲，對女孩來說，婚姻可以重新挽救她的名譽，而對於違反婚姻契約的已婚女性，則沒有什麼可以補救得了。

一旦這種「團隊精神」被認可爲女性名譽的基礎，被視爲有益的、甚至是必須的約定（說到底還是精打細算得出的合乎利益的決定），那麼它對於女性福祉的極端重要性也將被認可。但它僅具有相對的價值，並不是那種超越生存目的，比生命還重要的價值。

這樣看來，盧克蕾提亞和維吉尼爾斯[13]們被迫的、過激的行爲便沒有什麼值得稱讚的。這種行爲很容易流於悲慘的鬧劇，而引起人的反感。比如，《艾美麗婭·迦洛蒂》[14]的結局，使觀眾在離開劇場時渾身不自在；而另一邊，卻忍不住拋開女性名譽的原則而同情《艾格蒙特》中的克拉勒[15]。過於強調女性名譽的原則，最終會忘記其含意，人們常常做這種事。將女性名譽誇大到如此地步，也就暗示著性別名譽的絕對價值，而眞相是，性別名譽的價值比起其他種類名譽的價值只具有相對性。甚至可以說其價值純粹是習俗性的，在托馬修斯的著作中可以看到：宗教改革之前，幾乎所有國家都存在著納妾的現象，並且是被法律允許和認可的，這沒有對女性名譽有所損毀。古巴比

---

13 盧克蕾提亞是古羅馬貴族少女，因受羅馬國王之子的侮辱而自殺身亡，並由此激起民憤，引發兵變，使古羅馬的君主制國家轉變成古羅馬共和制國家。維吉尼爾斯是古羅馬一個護民官的女兒，在清白遭受質疑之時，其父拔劍將她殺死以保護其清白，她的死也引發了政治上的動盪。　譯者注

14 《艾美麗婭·迦洛蒂》是德國作家萊辛於一七七二年創作的著名悲劇，劇中女主人公艾美麗婭·迦洛蒂被親王孔薩迦設計據為己有，艾美麗婭的父親為了保證女兒道德和貞潔的完美，毅然同意女兒的請求，殺死了她。　譯者注

15 克拉勒是歌德的著名悲劇《艾格蒙特》的女主人公。故事取材自十六世紀尼德蘭民族英雄艾格蒙特反抗西班牙統治的事蹟。當艾格蒙特不幸被捕入獄，他的情人克拉勒四處奔走，呼籲人民起義，但克拉勒最終因無法救出自己的愛人而絕望自殺。　譯者注

倫的米利塔神廟[16]時期就更不用說了。

當然，也有一些特殊情況導致婚外情的形式不可能存在，尤其是天主教國家，那裡根本沒有離婚這種說法。在我看來，統治者們如果選擇擁有情婦而非締結不對等的貴庶婚姻，從道德的角度來看會好得多。因爲儲君萬一身亡，貴庶通婚產下的子嗣可能會藉機尋求上位。所以有這樣一種雖然微小但確實存在的可能性：不對等婚姻可能會引起內戰。此外，這種不顧一切外在禮節而締結的不對等婚姻，是對女性和教會教士的一種讓步。而這兩種人，恰恰是我們應該小心對待的，盡可能不要做出讓步。

我們還要進一步指出的是，一個國家中每一個男人都可以娶自己心儀的女子，只有一個人除外，那就是可憐的君王。他的婚姻屬於他的國家，只能爲國家的利益而選擇婚姻。但儘管如此，他仍是一個男人，作爲男人他也想隨心所欲地選擇婚姻。阻止或者試圖阻止君王擁有情婦，是不公正的，沒良心的，同時又是狹隘的。當然，前提是君王選擇的情婦不能給國家統治造成影響。從情婦的角度來看，她是個特例，也不該用常規的性別名譽來衡量她，因爲她不過是將自己獻給了那個與她兩情相悅的男人，只是不能嫁給他。一般來說，女性名譽帶來的很多血腥犧牲，比如謀殺孩子、母親自殺等，這都在

16 米利塔是古巴比倫人神話中的愛神。古巴比倫有一個規定，那就是該國的婦女在她的一生中必須到米利塔神廟賣一次淫，所得全部歸神廟所有。　譯者注

說明，女性名譽的原則並非來源於人的天性。一個女人破壞原則無疑是對整個女性群體的背叛，儘管這種原則是女性們心照不宣的，並沒有公開宣誓過。大多數情況下，這個破壞原則的女人的前途會受到直接的損害，這樣看來，與其說她卑鄙，不如說她愚蠢。

與女性名譽相對應的是男性名譽，男性名譽是上文討論的女性名譽的產物。男性也有「團隊精神」，即每一個步入婚姻、簽訂了讓女性占足便宜的「投降契約」的男性，都應密切關注契約是否得以執行。一方面是爲了契約不會因爲疏於執行而失去其約束力；另一方面，男性爲了簽訂契約付出了一切，必須讓他們達到目的——獨占這個女人。因此，男性名譽要求丈夫必須憎恨破壞婚姻的妻子，作爲懲罰，至少要與她分開。如果他縱容妻子的過錯，那他會受到其他男性的恥笑，但是這種恥笑並不如女性失去名譽時遭受的羞辱那麼惡劣，對男性來說這只是淺淺的汙點，因爲男性生活中還有許多更重要的社會關係，與女性的關係只是次要的。本時代最偉大的兩名戲劇詩人，分別都以男性名譽爲主題，創作了兩部戲劇。分別是莎士比亞的《奧賽羅》和《冬天的故事》，以及卡爾德隆[17]的《醫生的榮譽》和《祕密的傷害、祕密的報復》。需要指出的是，男性名譽只要求丈夫懲罰不忠的妻子，如果要去懲罰他的姘頭的話，那就是另外一回事了。這也印證了我之前提出來的觀點，男性名譽源自男性的「團隊精神」。

---

17 卡爾德隆·德·拉·巴爾加（一六〇〇—一六八一），西班牙劇作家、詩人。 譯者注

騎士名譽：狹隘的人造原則

到目前為止，我討論過的種種名譽以各種形式和原則，存在於各個民族的各個時代當中。而從女性名譽的歷史來看，它的原則在不同時期、不同地域有些細微的調整。

相比之下，還有一種名譽與上述名譽都截然不同，希臘人和羅馬人對這種名譽沒有絲毫概念。時至今日，中國、印度和伊斯蘭世界對它也是聞所未聞。這種名譽源於中世紀，扎根於基督教統治下的歐洲，確切地說，應該是只存在於極小部分上層社會人士及其攀附者當中。這種名譽就是「騎士名譽」。

「騎士名譽」與我們目前為止討論過的所有名譽都不同，甚至在某些方面是截然相反的。「騎士名譽」催生了騎士階層，而其他名譽培養出的是有名譽感的人。因此，我接下來會解釋一下「騎士名譽」的原則，它是騎士禮儀的準則，也是騎士禮儀的一面鏡子。

(1) 騎士名譽並不取決於別人對我們價值的看法，而是完全取決於他們是否將這種看法表達了出來。他們是否真的有什麼看法，這都無關緊要，更不用說這種看法是否有依據了。別人可能對於我們的所作所為抱有最糟糕的看法，心裡面對我們嗤之以鼻，但只要他沒有將這種看法表現出來，那麼我們的騎士名譽便毫髮無損。反之，如果我們的行爲和品質值得他人高度尊重，但任何人——不管他道德敗壞還是愚蠢至極——只要說了我們的壞話，我們的騎士名譽便會遭到損害，若不能補救的話，「騎士名譽」就毀於一旦了。所以，騎士名譽並不取決於人們想了什麼，而取決於他們說了什麼。

還有一個證據可以證明這一觀點，那就是人們可以收回他們說出的侮辱攻擊的話語，必要時還可以爲他們說過的話道歉，這樣，就好像什麼事情都沒有發生過一樣。至於隱藏在這些話語下的看法是否一起收回去了，以及爲什麼他們當初會說出這樣的話，都完全不重要了。只要收回話語，一切完好如初。所以實際上，騎士名譽不是透過贏取尊敬掙來的，而是透過威脅恐嚇強求來的。

(2)騎士名譽並不是基於一個人做了什麼，而是別人對他做了什麼，也就是一個人經受了什麼，遭遇了什麼阻礙。跟其他名譽取決於自身言行不同的是，騎士名譽取決於他人的言論和行爲，掌握在他人之手。只要別人稍有可乘之機，並且動了動他的嘴皮子，頃刻間，騎士名譽便一去不復返了——除非這個人透過我即將要說的這種方式，把名譽重新奪回來。這種方式要冒著失去生命、失去健康、自由、財富和內心平靜的風險。儘管一個人的行爲是無比正直和高尚的，儘管他有著最純潔無瑕的心靈、才智非凡的頭腦，然而，只要受人侮辱，那麼他的騎士名譽就消失了。不論這個侮辱者自己是否遵守了騎士原則，就算他是一個毫無價值的流氓、一個愚蠢至極的畜生、一個遊手好閒的懶漢、一個賭徒、一個賴帳的人，總之就是一個根本不重要的角色。通常就是這類人喜歡去侮辱別人，原因就像塞內卡所說的那樣：「一個人越卑鄙可笑，就越喜歡惡意中傷。」[18]這類人的中傷之詞，通常都是施加於我所描述的那種至善之人身上，因爲不同類型的人絕不可能成爲朋友，擁有卓越品質的人容易引起一無是處之人的怨恨。正如歌德在《西東詩集》中所說的那樣：

為什麼要抱怨你的敵人？
他們永不會成為你的友人，
你只需立在那處，
他們便為自己感到恥辱。

所以，這些一無是處的人應該感謝騎士原則才對，要不是騎士原則，他們在各個方面都不能與那些優秀的人相提並論。一旦有人詆毀優秀的人，硬說其品質惡劣，那麼他的看法就會當成言之鑿鑿的證據，被當成具有法律效力的判決。不僅如此，如果沒有及時用鮮血將這種汙名抹掉，那這種判決就永久有效。換句話說，我相信，如果被詆毀者容忍這種恥辱的帽子扣在自己頭上的話，那麼他在有名譽的人眼裡，就成了侮辱者口中

18 出自塞內卡的著作《論永恆的智慧》。

的那種人了——即使這個侮辱者是世界上最卑鄙下流的人。這樣有名譽的人就會對他避之不及，有如瘟疫，比如一切有他在的場合都拒絕參與等。

我認為，決鬥這種「明智」的做法可以從歷史中溯源，從中世紀一直到十五世紀的做法是，在犯罪官司中，控告者無須拿出證據來證明被告者有罪，而被告者必須拿出證據來證明自己的清白（見於C. G. 馮・韋斯特的《德國刑法、德國歷史文集》中的刑法部分）。被告者發誓自己是無罪的，他的支持者——亦即他的擔保人——必須到場並發誓確信被告者的誓言是眞實可信的。如果被告者找不到擔保人，或者控告者對擔保人提出異議，那麼解決方式就是「上帝的審判」，通常意味著控告者和被告者雙方進行一場決鬥。因為被告者現在是「恥辱的人」，必須洗脫自己的罪名。從這裡，我們可以看到恥辱這一概念以及決鬥程序的源頭。

時至今日，決鬥仍在「名譽之士」（那些看重名譽的人）當中盛行，不過，宣誓環節被省略掉了。這也解釋了名譽之士在面對說謊的指責時為何如此憤慨，這是一種需要用鮮血抹除的汙名。儘管謊言是司空見慣的事情，但發展到決鬥地步的則少之又少。但英國不同於其他地方，在那裡，決鬥已經成為一種根深柢固的迷信行為。按理來說，一個人如果因為另外一個人說謊，而威脅要將其殺死，那麼他自己肯定從來沒有說過謊。而實際上，中世紀的英國，罪行審判形式更加簡短。面對指控，被告者只需要回應一句：「你在撒謊。」然後一切就交由「上帝的審判」去裁決了。因此，騎士名譽的準則就是：謊言必須訴諸武力才能解決。關於侮辱，我們就說到這裡。

爲了名譽，既動口，也動手

但還有比侮辱更爲嚴重的事情，它是如此可怕，以至於我要爲提到它而深深祈求名譽之士的原諒。我知道名譽之士一想起它，就會渾身戰慄，汗毛直豎。它是人間至惡，比死亡和詛咒還要可怕。它就是一個人動手給了另一個人一巴掌或者一拳！這太可怕了，對所有名譽來說都是致命的。如果其他形式的侮辱可以用侮辱者的血來補救的話，那麼面對他人大打出手，只能讓對方以性命來補償才能挽回名譽。

騎士名譽跟一個人自身是什麼樣子的，或者他的道德品質會不會變好或變壞等問題通通沒有關係。如果你的名譽遭受損害，或者你已經喪失了你的名譽，只要你迅速地採用「決鬥」這一靈丹妙藥，你的名譽馬上就會起死回生，完好如初。但如果對方並非來自認可騎士名譽準則的階層，或者是他自己曾違背過該準則，不管他是出手傷人還是僅言語攻擊，都可以用更安全的方式來回擊他。如果你手上有武器的話，你可以即刻把他打倒，或者一小時以後再打倒也行，這樣就能挽回你的名譽了。

但如果你擔心由此引發不良後果，而儘量避免採取這一極端措施，或者你不能確定冒犯者是否遵守騎士名譽的規矩，那還有一個好法子能讓你不吃虧——壓他一頭。如果冒犯者粗暴，你要比他還粗暴；言語攻擊無用，就拳腳相向，這是挽回名譽的最極端手段了。比方說，你挨了一巴掌就要用棍子回擊，挨了一棍子就要用馬鞭來回擊，而對付馬鞭，有經驗者會建議你朝對手臉上啐他，這可是實戰檢驗過的絕招。如果所有的方法都不管用，那就得見血了，你可不能退縮。

之所以用這些方法來抹去侮辱，理由如下：受到侮辱是可恥的，而侮辱別人則是光榮的。舉個例子，眞理、公正和理性都站在我對手那邊。那麼好，我去侮辱他。這樣一來，眞理和名譽便棄他而去來到我這邊了，他想要重新奪回這些，靠堅持公正和理性是沒用的，只能靠開槍射擊我或者揮劍刺向我。因此，就名譽而言，粗暴可以替代其他任何一種品質，並且比任何品質都更有價值。

既然粗暴永遠是對的，那還需要其他的東西幹什麼呢？一個人就算再蠢再壞，道德淪喪，但只要他在名譽爭鬥中表現粗暴，那麼他一切的錯誤都是有理的、合法的。如果在某次討論或者對話中，對方顯得比我們學識更加豐富、對眞理更加熱忱、判斷更加準確、理解更加透徹，或者總體上展現出令我們黯然失色的才智，我們可以透過出言不遜和咄咄逼人，立刻抹平對方的優越和自身的膚淺，並且扭轉局勢，高他一頭。因爲粗暴比任何爭吵都管用，才智在它面前也相形見絀。

如果對方並不在意我們發起的攻勢，也沒有給出更加粗暴的回應反過來壓我們一頭，那我們就勝出了，名譽也就歸屬於我們。眞理、學識、理解力、才智、機敏都得通通退後，把戰場留給這無所不能的粗暴。如果有人與名譽之士意見相左，或者表現出比他們更加有智慧，名譽之士們就會馬上擺出跨上戰馬的架勢；如果名譽之士在與人爭論時，不知如何回應，他們就會拿起粗暴這件武器，既方便又實用；他們就是以這種方式使名譽易主的。由此可見，人們完全有理由爲這種獲取名譽的原則喝彩，顯然它「提高了」社會的格調。這種原則源於下面這個原則，它構成了整個名譽準則的核心和靈魂。

這個原則就是：人與人之間若在名譽問題上有任何分歧，裁決勝負的最高手段就是訴諸武力。嚴格地說，每一次粗暴的行爲都是對人類野蠻本性的呼喚；因爲以粗暴解決問題，說明智慧力量和道德觀念的無能，必須由肢體衝突來一分高下。佛蘭克林曾將人定義爲「一種會製造工具的動物」，那麼這種武力決鬥便是由「人」這一物種持其特殊的「工具」（武器）來進行的，並且決鬥的結果不可改變。這就是眾所周知的「強權即公理」，當然，這就像「傻子有智慧」一樣，帶有諷刺意味。所以，騎士名譽也可以理解爲強權的名譽。

名譽與暴力毫無關係

最後，正如我們上文談到的，如果說公民名譽在「你」、「我」關係問題上是十分嚴謹的，非常看重承擔義務和履行承諾，那麼我們在這裡討論的這種騎士名譽準則，則顯示出了最大程度的包容。對於騎士名譽準則而言，只有一種話語是不可違背的，那就是「以名譽擔保的誓言」（也就是人們常說的「以我的名譽起誓」之語）。當然，這其中還有一層含意是：所有其他形式的承諾都不必去遵守。而且，在萬不得已的情況下，即使是以名譽擔保的誓言，也是可以被違背的——反正有決鬥這一靈丹妙藥，把那些堅持說我們違背誓言的人打趴，就可以保住自己的名譽。此外，且只有一種債務，在任何情況下都不可以拖欠，那就是賭債。因此，賭債也被稱爲「名譽債」，至於其他債務呢，你盡可以像猶太人和基督徒那樣耍花招，你的騎士名譽絲毫不會受損。

正直的讀者可能一眼就能發現，如此怪異、野蠻、荒唐的準則不是源於人類的天性，也並非來自對人際關係的正常理解。這一點，從騎士名譽準則的適用範圍可見一斑，它僅在中世紀的歐洲發揮作用，並且只適用於貴族、軍隊以及他們的效仿者。

羅馬人和希臘人連騎士名譽到底是什麼東西都不知道，高度文明的亞洲國家更是聞所未聞。這些國家唯一認可的名譽，就是我們一開始討論的那種公民名譽。在那裡，公民名譽完全是根據公民個人行爲來評判，而不受他人隨心所欲的風言風語的影響。對他們來說，被人打了一拳，就只是一拳而已，並沒有什麼其他含意，一匹馬或者一頭驢踢出一腳可重多了。在特定情況下挨了一拳，他們可能會憤怒並立即尋求報復，但這仍然和名譽沒有什麼關係。沒有人會一直記恨於受了別人的侮辱，或者挨了別人的揍，也不會耿耿於懷沒有報復對方來讓自己獲得滿足。然而，這些民族所擁有的英勇氣概和視死如歸的氣節，並不輸給中世紀的歐洲國家。

可以說，古羅馬人和古希臘人是眞正的英雄，但他們並不知騎士名譽準則爲何物。在他們看來，高貴的人是絕對不會去決鬥的，只有以此謀生的角鬥士，身不由己的奴隸和定了罪的犯人，才會交替和野獸去搏鬥，以取悅看臺上的羅馬人。隨著基督教的傳入，角鬥士的表演遭到禁止，取而代之的是人與人之間的決鬥，用「上帝的審判」來解決問題。如果說，角鬥士的表演是爲了滿足大眾的胃口而做出的殘忍犧牲的話，那麼，決鬥則是因爲普遍存在的偏見而做出的殘忍犧牲，只是犧牲品不是罪犯、奴隸，也不是囚徒，而是貴族和自由的人。

智者從不相信暴力

大量證據表明，騎士名譽的偏見對古人來說是完全陌生的。例如，一位日爾曼部落首領向馬略[19]下戰書，要跟他決鬥，馬略的回應是，如果這個首領活膩了的話，盡可以去上吊自殺。與此同時，馬略還給對方首領送去了一個經驗豐富的角鬥士，去和他較量一番。普盧塔克[20]曾在書中記載，艦隊統帥歐利拜德斯曾有一次舉起棍子想要打特米斯托克利[21]，但是他並沒有拔劍相向，只是說道：「打我可以，但要聽我把話說完。」即使這樣，特米斯托克利手下的雅典官兵沒有一個離開他的。

如果一個信奉騎士名譽的讀者讀到這裡，該有多麼難受啊。一位當代的法國作家

19 蓋烏斯．馬略，古羅馬軍事家、政治家，在羅馬戰敗於日爾曼人的危難之時當選執政官，進行軍事改革、實行募兵制，最終擊敗日爾曼人。　譯者注

20 普盧塔克（約四十六—約一二〇），古希臘作家。　譯者注

21 特米斯托克利（西元前五二四—前四五九），古希臘傑出的政治家、軍事家。雅典人。　譯者注

稱：「如果有誰覺得德摩斯梯尼[22]是一個信奉騎士名譽的人，人們只會對這個愚昧無知的人投以同情的微笑；西塞羅也不是那種人！」[23]

在《法律篇》中，哲學家柏拉圖詳細闡述了「襲擊」的概念，清楚地顯示出，古人並沒有將「襲擊」和任何名譽感扯上關係。蘇格拉底常常與人辯論，也經常因此受到別人的粗魯對待，但他卻泰然處之。比如有一次，一個人踢了他一腳，他對這種侮辱舉動表現出的忍耐力，使他的一位朋友大爲吃驚。蘇格拉底卻說：「你覺得如果一隻驢踢了我，我該去恨牠嗎？」還有一次，朋友問他：「他是在辱罵你嗎？」「不，」他回答說，「他口中說的那個人根本就不是我。」

斯托拜阿斯保存了穆索尼烏斯[24]的一篇長文，從中我們也可以看出古人是如何看待遭受侮辱的。除了訴諸法律之外，他們對於其他的解決方式一概不知，智者甚至對訴諸法律都不屑一顧。柏拉圖的《高爾吉亞篇》中清楚地寫明，如果希臘人挨了別人一耳光，可以透過法律幫助尋求公道。蘇格拉底的觀點也在這本書裡可以找到。類似的觀

---

22 德摩斯梯尼（西元前三八四—前三二二），古雅典雄辯家、民主派政治家。 譯者注

23 出自C. 杜朗的《文學之夜》一八一八。 譯者注

24 穆索尼烏斯．魯富斯（三十—一〇一），古希臘哲學家，廊下派大儒。 譯者注

點，還見於格留斯[25]記述中。有一個叫路西斯・韋拉圖斯的人走上羅馬街頭，沒有受到任何人的挑釁，光天化日之下，見人就給一記耳光。爲了避免麻煩，他吩咐奴隸帶上一袋錢幣，當場就向那些被自己行爲震驚的受害者們，支付了微不足道的法律賠償金。

大名鼎鼎的犬儒派哲學家克拉特斯[26]，就被音樂家尼科德羅莫斯打了一記耳光，臉被打腫得又青又紫。於是，克拉特斯就在自己的額頭上貼了張字條，上面寫道「尼科德羅莫斯的作品」。這一舉動羞得這位長笛音樂家無地自容——被整個希臘奉若神明的人物，竟然遭到自己如此野蠻的對待。在寫給美萊西普斯的一封信中，第歐根尼告訴我們，他被一個醉酒的雅典年輕人毆打了，但是他補充說這不過是小事。

爲了說明智者不會理會侮辱，塞內卡在他的著作《論永恆的智慧》的後幾章，花了很長的篇幅來討論侮辱這一話題。他在書中第十四章寫道：「如果智者挨了打該怎麼辦？有人打了卡托一耳光，他不生氣，也不想報復侮辱，甚至不想還手，只是簡簡單單地不予理睬。」

你們可能會說：「是這樣沒錯，但這是因爲他們是智者啊。」——那你們就是愚人嗎？的確如此。

---

25 格留斯是活躍於二世紀的古羅馬作家、法學家、拉丁語語法權威，著有《阿提卡夜話》。　譯者注

26 克拉特斯（西元前三六五—前二八五），西元前二世紀古希臘斯多葛派哲學家、語法學家。

由此，我們已經很清楚，古人們完全不知道騎士名譽準則是什麼東西。原因很簡單，他們總是在用本能的、不帶偏見的方式去看待人情世故，並且不會讓自己受騎士名譽這種可惡的、愚不可及的習俗所影響。臉上挨了一拳就只是一拳而已，僅僅是輕微的皮肉傷，再沒有別的什麼了。但現在的人，卻把這當作一種毀滅性的災難，一齣悲劇的主題。例如，高乃依[27]的《熙德》，以及最近一齣描寫中產階級生活的德國戲劇《環境的力量》，在我看來，應該改名叫《偏見的力量》才對。如果巴黎國民議會成員挨了一記耳光，那聲音會從這一頭傳到歐洲大陸另一頭。

以上我所列舉的古人對待這種行爲的方式，可能和騎士名譽信奉者的想法不同，所以讓我來爲他們推薦一本書吧，就當作一劑解藥，那就是狄德羅[28]的著作《宿命論者雅克和他的主人》中德格朗的故事。這是現代騎士名譽的傑出代表性作品，毫無疑問，他們會從中得到樂趣和啟迪。

---

27 皮埃爾·高乃依（一六〇六—一六八四），法國古典主義悲劇代表作家，法國古典主義戲劇的奠基人。　譯者注

28 德尼·狄德羅（一七一三—一七八四），法國啓蒙思想家、哲學家、戲劇家、作家，百科全書派代表人物。　譯者注

眞正欣賞自身價値的人會漠視誹謗

從前述內容中，我們可以清楚地看到，騎士名譽原則並不是人的天性當中本能的、自發性的東西，而是人爲的產物，其根源也不難追溯。它明顯產生於中世紀時期，那時的人更願意用拳頭，而不是用腦子。中世紀的神職人員則利用騎士制度禁錮了人們的思想。在那個時代，人們不僅讓萬能的上帝護佑他們，也讓上帝爲他們做出判決，難以判決的案件就交給「上帝的審判」來定奪；而「上帝的審判」幾乎都是以決鬥的方式進行。

不僅存在於貴族之間，平民之間也存在著「上帝的審判」。莎士比亞的《亨利六世》（第二部分，第二幕，第三景）很好地說明了這一現象。每一次法庭已經給出判決，還可以透過上訴來推翻，上訴的手段就是更高一級的審判庭——「上帝的審判」。這意味著身體力量和敏捷性——也就是我們人的動物性——在法庭上是凌駕於理性之上的。這樣一來，判決一個人是對或是錯，不是看一個人做過什麼，而在於他所面對的決鬥對手實力如何。

事實上，如今盛行的騎士名譽準則，也是這種邏輯體系。如果有人懷疑這不是現代決鬥的眞正起源，那就讓他讀讀J. B. 梅林根的傑作《決鬥的歷史》吧。不僅如此，時至今日你仍舊可以找到決鬥的支持者，通常這些人都沒受過什麼教育，也不是那種會思考的人，他們把決鬥的結果看作是上帝對爭執的神聖判決，毫無疑問，這是受到了傳統觀念的影響。

但是，撇開起源問題不談，我們現在必須清楚的是，騎士名譽準則是憑藉身體力量的優勢相威脅，強行獲取別人表面的尊敬。而實際上，獲取別人的尊敬被認爲是既困難又沒有必要的事情。奉行騎士名譽準則，就好比你爲了證明房間是溫暖的，就用手握住溫度計來讓它的數字上升。其實，問題的核心在於：公民名譽的目的在於推動人與人之間的和平交往，在其他人看來，我們是完全值得信任的，因爲我們無條件地尊重別人的權利；但騎士名譽的目的在於讓我們在他人眼中是可畏的，因爲我們會不惜一切代價維護自己的權利。

如果我們生活在一個自然狀態下，那這種準則——引起別人的懼怕，而非爭取別人的信任——或許並沒有什麼不妥，因爲在自然狀態下，人的正直是不值得信賴的，每個人都不得不保護自己，坦率地維護自己的權利。但在文明世界，當國家承擔起保護我們人身和財產的責任時，這一準則就失去了用武之地：它就像是強權即公理時代留下來的城堡和瞭望塔，它們矗立在肥沃良田旁，或者人潮熙攘的道路，甚至鐵路之間，毫無用處，形同廢墟。

因此，頑固地遵循著這一準則的騎士名譽，其適用範圍也僅限於輕微的口角之爭，法律對這種行爲也只有輕微的處罰，甚至以「不足以開庭」爲由，根本不予理會，因爲這種都屬於雞毛蒜皮的小錯，有時只不過是在開玩笑而已。在處理這類事情時，騎士名譽準則強行誇大了個人的價值，這種誇大與人的本性、構造和命運完全不相干，將人的價值上升到了神聖不可侵犯的高度。所以，在這些遵循騎士名譽準則的人看來，國家對這種輕微的冒犯所給予的懲罰不夠重時，他們便自己動手，要冒犯者付出身體甚至生命的代價。很明顯，這種觀點是建立在一種極度傲慢的驕傲感之上的，這種驕傲感使他們完全忘記了人到底是什麼，他們聲稱自己絕對不能受任何攻擊，甚至不能受任何責難。那些決心用武力來踐行這一騎士名譽準則的人，他們的行動原則是：誰侮辱我，誰打我，誰就得死！他們才應該被趕出這個國家。

對於這種輕率的傲慢，人們通常會比較縱容。如果兩個魯莽的人相遇，誰也不肯做出讓步，那微小的分歧可能會演變成相互辱罵，然後就拳腳相向，最終，總有一方會因此殞命。其實如果跳過中間的步驟，直接亮出武器，這樣更體面些。實際上，要訴諸武力，是有特殊程序的，這些程序已經發展成一套嚴格、繁複的法律和規章制度了，合力形成了世間最嚴肅的一齣鬧劇——對愚蠢頂禮膜拜！

如果兩個勇敢的人因爲一點小事而爭論（大事是由法律來處理的），他們當中更聰明的那個人當然會做出讓步，然後雙方求同存異。普羅大眾，或者更確切地說，不信奉騎士名譽原則的階層，就是這樣做的。這種處理方式讓分歧順其自然地得到解決。在這些人中，發生殺人事件的概率，要比騎士名譽準則信奉者（可能一千個人裡才有一個）

少很多，甚至連普通的打架事件都少有發生。

有人說，社會的良好禮儀和高尚格調，追根究柢是建立在騎士名譽準則之上的，騎士名譽準則及其決鬥制度，構成了抵禦野蠻和粗魯的堡壘。但是，在雅典、科林斯、羅馬這些地方，它們有著一流的社交氛圍和優雅的格調，其背後也不見有妖魔般的騎士名譽作為支撐。

在古時候，婦女確實不像現在這樣，在社交場合中有著顯著地位，但如今人與人的交流顯得輕浮無聊，少了嚴肅、有分量的話題。這種變化在很大程度上使得人們更看重一個人勇敢與否，而不是其他品質。事實上，勇氣眞的只是一種非常次要的品質，一些低等動物在這方面都超過了我們人類，否則你就不會聽到有人說「像獅子一樣勇敢」之類的話了。騎士名譽不僅成為在大事上不誠實、不道德的藉口，也遮蓋了在小事上的粗魯、莽撞、無禮。人們往往都默默忍受著這種粗野行徑，因為沒人願意冒著脖子被扭斷的風險去糾正它。

恰恰是在那些從政治和財政紀錄來看有失信譽的國家，決鬥制度往往發展到血腥狂熱的巔峰地步。至於這個國家裡民眾的生活到底是怎麼樣的，還是得問問那些有實際體會的人。但有一點，這樣的國家長期以來缺少文明和教養，這是有目共睹的。

在騎士名譽的藉口之下，眞理難明。但正如有人說：當你朝一隻狗咆哮的時候，狗也會對你狂吠；而當你去愛撫牠的時候，牠則會對你順從。人也一樣，人的本性就是以牙還牙，在受到別人的蔑視和憎恨的時候，會感到怨恨和憤怒。這種說法還有些道理。

正如西塞羅所說：「嫉妒之箭如此具有穿透力，即使智者也會發現被它穿過後，傷口是多麼疼痛難忍。」在這個世界上，也許除了少數幾個宗教國家的人之外，沒有誰能平靜地面對侮辱或攻擊。

儘管如此，一般來說，人們對待他人侮辱和攻擊的正常反應，都是要求對方付出與其行爲相對應的代價，但絕不會因爲被別人指責撒謊、愚蠢、儒弱等，就非要把別人置之死地。德國古老的「以鮮血償還耳光」的理論，是騎士時代流傳下來令人反感的惡習。因爲受到侮辱而產生的報復行爲，應該是由於憤怒而導致的，而不是「騎士」們口中所謂的騎士名譽的緣故。

眞相在於，如果這些指責眞的確有其事，擊中了一個人的軟肋，即使它只是一個輕微的暗示，其威力也要比那些毫無事實依據的極端誹謗大得多。如果一個人自信沒有做過什麼能讓人責備的事，那他就會對這些指責不屑一顧，因爲他行得正、坐得穩。而騎士名譽準則的要求是，一定要裝出一副自己很敏感的樣子，對自己根本感覺不到的侮辱進行血腥的報復。

如果一個人急於以武力來阻止他人發出對自己不利的言論，那麼他對於自我價値肯定沒有什麼信心。一個眞正欣賞自身價値的人，會全然漠視誹謗，即使難以抑制地會感到憤怒，但只需一點睿智和修養，就足以平息憤怒、保持體面。

如果我們能擺脫騎士名譽的迷信——也就是說，不再認爲受到侮辱就毀了名譽，也不再覺得以牙還牙能夠挽回名譽；如果我們能停止這種錯誤想法——認爲跨馬提劍以武力捍衛自己名譽的野蠻行爲是合理的，那麼我們很快就能普及這樣一種觀念——面對侮辱和貶損，退讓即是勝利。正如文聖佐．蒙蒂[29]所說：「惡言就像教堂裡的隊列一樣，總是會回到起點，周而復始。」如果所有人都能夠這樣看待侮辱的話，那麼我們便不再會爲了證明自己而惡言相向了。

但不幸的是，現在如果我們想認眞對待任何問題，我們首先要考慮的是，我們是否會在某些方面得罪蠢人了，要知道只要言語稍微深刻一點點，這種人就會感到恐慌和憤怒——思想卓越的人在說話時要遷就著那些愚蠢狹隘之人，這樣的情況太常見了。如果這種情況在社會上能澈底消除，那麼思想卓越的人就可以在社會中處於上風，這是他們本就應該占有的地位——儘管人們不願意承認，但如今這一地位是被只有一身蠻力和匹夫之勇的人所占據。如果眞的能夠改變現狀，那麼最優秀的人便無須逃離社會了。這將爲形成眞正有教養的、眞正良好的社會鋪平道路，正如曾經的雅典、科林斯和羅馬一般。如果有人聽了我的說法想看看例子，我會建議去讀一讀色諾芬[30]的《盛宴篇》。

---

29 文聖佐．蒙蒂（一七五四－一八二八），義大利新古典派詩人。　譯者注

30 色諾芬（西元約前四三〇－約前三五五或前三五四），雅典人，歷史學家，蘇格拉底的弟子。以記錄當時的希臘歷史、蘇格拉底語錄而著稱。　譯者注

「騎士名譽準則」是徹頭徹尾的迷信

捍衛騎士名譽的最後一個理由無疑是：「如果沒有騎士名譽，那每個人豈不是可以隨便動粗了？那世界將會變得多麼混亂啊，簡直不敢想像！」對此我想說，一千個人裡面有九百九十九個人是不知道所謂的騎士名譽準則的，他們打了別人或者被別人打，不至於會鬧出人命，但是對於騎士名譽的信徒而言，肢體衝突發展到最後，常常有一方是要殞命的。讓我更詳細地討論一下這個問題。

一部分人根深柢固地抱有一種信念，那就是「被人打一拳是非常可怕的」。我時常嘗試著去找尋站得住腳的，或者至少是合理的依據來支撐這種觀念。但無論我是從人類天性中的動物性一面去找，還是理性一面去找，都是久尋未果。

被人打了一拳，在任何時候都只不過是輕微的肉體傷害，除了能證明打人者在力量和技術上有優勢，又或者挨打的人根本沒有留心防備等之外，不會還有其他什麼說頭，再怎麼分析也不過如此。但若是一個騎士被人打了一拳，他會認爲對方是罪大惡極的；同樣是這個騎士，如果他被自己的馬踢了一腳，這一腳的威力十倍於人的拳頭，他也只會忍著疼痛一瘸一拐地走開，並跟你保證說這沒什麼大不了的。所以我不禁開始認爲，人類的手才是禍根。可奇怪的是，在戰鬥中，騎士可能會被打了他的那隻手砍傷刺傷，這時他又會告訴你，這點傷不值一提。現在，我還聽說被刀面拍打，遠遠好過被木棍打。前不久，軍校的學員們在接受懲罰時，寧願被刀面拍打，也不願被木棍打，因爲只有在冊封爵士的儀式上才會受到刀面的拍打，這對他們來說可是至高無上的榮譽！

以上就是我能爲騎士名譽準則找到的所有依據，我只能說「騎士名譽」整個概念就是徹頭徹尾的迷信，除此之外別無他話。它陳舊過時但根深柢固，是傳統力量無比強大的又一力證。有一個非常著名的事實，可以證明我的觀點：在中國，用竹杖杖責是對平民甚至各級官員常見的懲罰手段。看看吧，在中國這樣文明高度發達的國度，也不認同類似於騎士名譽準則這樣的觀念。

公正地說，打架對於人類來說是非常自然的事情，就像野獸會撕咬，帶角的動物會頂撞一樣。人不過也是會用肢體進行搏擊的動物而已。因此，當我們偶爾聽說有人用嘴咬了另外一個人，會感到震驚，但如果有人給了別人一拳或者被別人打了一拳，就是非常自然的事了。我們所受的教育，使我們能夠理解並愉悅地接受人與人之間彼此約束，放棄打鬥。但是，強迫一個國家或者某個特定階層去認同「一個耳光是天大的不幸，必須要以死亡來償還」，這未免太過殘忍。這世上已經有太多眞正邪惡的事情了，不要再增加一些人爲幻想出的不幸，這樣只會令幻想變成實際，這正是迷信帶來的影響，恰恰證明了迷信自身是多麼愚蠢和險惡。

我認爲，在公民生活和軍隊訓練中把鞭刑作爲一種懲罰手段是明智的，而政府和立法機構試圖廢除這種手段是愚蠢的。他們覺得自己這麼做是在保護人權，但事實上他們正與自己的初衷背道而馳，因爲廢除鞭刑只會助長不人道的愚昧的迷信，人們已經爲此做出了太多的犧牲。對於所有冒犯，除非最嚴重的那種，體罰都是一種最有效、因此也最理所當然的懲罰，既然冒犯者不聽人勸，那就聽鞭子的話吧。

我認爲對冒犯者進行肉體懲罰是非常恰當的，尤其對於那些沒有財產可以交罰金的人，或者那些正受僱於人而不能被關進監獄（否則雇主會蒙受損失）的人。這一點眞的沒有什麼可爭辯的，不要搬出「人的尊嚴」之類的說辭，那並不是從什麼明確的概念出發的，而是從我上文描述的那種有害的迷信出發的。騎士名譽根本上就是建立在這種迷信上的，這裡有一個貽笑大方的例子作爲佐證：不久前，許多國家的軍隊體罰，已經將用鞭子抽改爲用棍子打了。不管哪種方式，其目的都是爲了讓你受皮肉之苦，但是他們認爲用棍子打更體面些，不會有損名譽。

人們如此宣揚迷信，盲目推崇騎士名譽準則，同時也助長了決鬥之風。而與此同時，人們又試圖——或者假裝試圖——採取立法行動禁止決鬥。如此行爲的後果就是，來自最野蠻的中世紀的「強權即公理」思想殘片，至今仍存在於我們十九世紀的生活中——這眞是我們的恥辱！是時候澈底廢除這種準則了！如今，鬥雞和鬥狗都已經被禁止了——在英國，這種行爲是犯罪。但是人卻在這荒謬、迷信、愚蠢的準則鼓吹之下，在思想狹隘的騎士名譽擁護者的煽動之下，爲了一點雞毛蒜皮的小事，違背自己的意願，像角鬥士一樣以命相搏。我建議語言學家們用「baiting」（「故意以侮辱性言語激怒對方」的意思）一詞代替「dual」來表示決鬥，因爲「dual」一詞很可能不是來自拉丁語「duellum」，而是來自西班牙語「duelo」——意思是痛苦，不安，厭惡。

我們完全可以嘲笑這種愚蠢的行爲，它已經發展到過度迂腐的地步。如果以騎士名譽原則建立一個國中之國的話，那麼在它的王國裡，只認武力而不顧眞理；以暴政來統治各個階層的人民，通過設置宗教裁判所來處理糾紛；任何人都可能因爲某個小小的理由，而不得不去和對手來一場生死決鬥。這個王國也是無賴的庇護所，只要他信奉騎士名譽準則那一套，他就可以肆無忌憚地恐嚇甚至除掉高尙的人，因爲在這樣一個王國裡，高尙之人一定會招來這些無賴的嫉妒和憎恨。

我們現在有司法體系和員警保護，所以很少有流氓敢在街上恐嚇我們：「要錢還是要命！」同樣地，以人們現在的常識，也不會有惡棍在街上恐嚇：「要名譽還是要命！」上流階層也應該可以卸下思想負擔了，不用隨時準備冒著丟失生命或者一條胳膊的危險，去面對那些粗魯、愚蠢、惡毒之人隨心所欲的指責。兩個激情昂揚的小夥子，只因爲拌了幾句嘴，然後一時糊塗，就要受傷、殘廢甚至殞命，這眞是太殘忍了。

在這個騎士名譽王國裡，暴政和迷信的力量是如此荒謬：可以想見，如果一個人受到侮辱，卻因爲與對方階層差距懸殊或者其他原因，而無法爲自己恢復騎士名譽，往往會在絕望中自殺，以黑色幽默式的結局告終。你大概已經看出這其中的荒唐和蹊蹺了，因爲這在邏輯上根本是悖論。就好比說：公職人員是禁止參加決鬥的，但如果他面對他人的決鬥挑戰卻拒不接受的話，他就會被開除公職。

既然談到這個話題，那我們不妨更深入一些。在一場公平的決鬥中，手持對等的武器將對方殺死和埋伏在暗處偷襲殺死對方，這兩種方式在騎士名譽王國裡有著本質的區別，因爲這個王國只承認強權而不在乎公理。在公平的對決中殺死對方，就證明你在力量和手段上強於對方，也就證明了你的行爲是合理的。當然，你必須認同「強權即公理」這一前提。

但眞相是，如果我的對手無力保護自己，這只會讓我有殺死他的可能性，而不是殺死他的正當理由。倘若我想殺死他，這是否符合道德正義，必須全然取決於我要取他性命的動機。但即便我有充分的動機去殺死一個人，那也沒有理由說：「就因爲他的槍法或者劍術沒有我好，所以就該被我殺死。」在這種情況下，去談論我用什麼方式去殺死他，都是沒有意義的。因爲從道德的角度看，無論是正面進攻還是在背後偷襲，都不能成爲殺戮的理由；即使是正面進攻，耍些小手段也是必不可少的。如果我認爲殺人是符合道義的，那我就不該愚蠢地去試探自己能否在決鬥中戰勝對方，因爲如果他的實力在我之上，那他不但會證明我是錯的，還會要了我的性命。

盧梭[31]認爲，對侮辱最好的報復方式就是暗殺，雖然他僅僅只是在《愛彌兒》一書

31　尚－雅克・盧梭（一七一二－一七七八），法國十八世紀啟蒙思想家、哲學家、教育家、文學家，民主政論家和浪漫主義文學流派的開創者，啟蒙運動代表人物之一。　譯者注

的注釋中，小心翼翼地暗示過這種觀點。這說明盧梭完全受到了中世紀騎士名譽迷信的影響，以至於認爲誰指控你說謊，誰就該被殺死。然而盧梭肯定知道，所有人，尤其是他自己，都說過無數個謊言。

「但凡在公開場合，手持對等的武器殺死你的對手，就是正當有理的。」這完全是一種謬論，明顯是將強權視爲眞理，將決鬥視爲上帝的判決。一個義大利人看到自己的對頭，會怒不可遏地立刻衝上去攻擊他，整個過程不顧任何禮節，也不會裝模作樣：這也許不是最聰明的做法，但至少沒有決鬥那麼愚蠢。

如果你要說，在決鬥中殺死敵人才是公平的，因爲那個時候他也要全力置我於死地。對此我的回覆是，正是你發出的挑戰，讓他不得不全力保護自己。這種迫使對方不得不應戰的做法，本身就是好鬥者找的一個看似有理的藉口，去爲自己的殺人行爲辯解而已。如果雙方都同意把自己的性命壓在這場決鬥上的話，那根據「自願承擔風險」的法律準則，這種說法似乎有點道理。可問題在於，如果受傷的那一方並不是自願參加的，那麼這種說法就站不住腳了。是暴虐而荒謬的騎士名譽準則，將決鬥的其中一方，拖入到這血腥的審判中來的。

與現代社會背道而馳的「騎士名譽」

關於騎士名譽，我可能有些囉唆了。但我這樣做不無道理，因爲只有藉哲學爲掃帚，才能將藏在道德和智慧中的汙濁清理乾淨。古時的社交生活像朝陽般新鮮、自然，完全無拘無束，而相比之下，如今的社交活動則是陰鬱、昏暗而又險惡的。其原因是複雜的，但有兩件事的影響最爲突出，那就是現代的疾病和現代的名譽。兩者相加在一起，就足以毒害我們生命中所有的關係，包括公共關係和私人關係。它們的影響要比乍看之下深遠得多，不僅是身體上的病痛，更是道德上的疾病。

自從丘比特射出那支沾滿毒藥的箭之後，男性和女性之間的關係，就開始變得疏遠、敵對，甚至像中了惡魔的蠱毒一樣，那毒藥如同一根帶著恐懼和猜忌的邪惡的細線，交織在男女關係之中，並且間接地動搖了人類關係的根基，甚至或多或少地危及整個人類的生存基礎，但這與我們當下要討論的目標沒有什麼關係。

騎士名譽及其準則也有類似的影響（儘管它的影響範圍不同），這種不爲古代社會所知的鬧劇，令現代社會變得僵硬、灰暗和小心翼翼，迫使我們不得不密切注意自己聽到的每一個字。這還不是全部。騎士名譽準則就像無處不在的彌諾陶洛斯[32]，每年都要求貴族之子們作爲貢品，這些貢品不像古時那樣來自某個國家，而是來自歐洲的每一個國家。是時候給這種愚蠢的制度致命一擊了，這就是我現在正在做的事情。現代世界的這兩頭怪獸會在十九世紀消失嗎？

我們期望醫學能找到辦法，阻止其中一頭怪獸，而用哲學來清理我們的思想，解決另外一頭怪獸，因爲只有思想乾淨了，這頭怪獸才會被斬草除根。政府試圖通過立法來解決它，但是失敗了。

但是，如若政府是眞心想廢除決鬥制度，倘若他們的努力收效甚微，的確是因爲自己能力有限的話，我倒是想提議出一種法律來解決，並且我保證會成功。它不會有血腥殘暴的手段，不會用到斷頭臺，也不需要絞刑架，也不會終身囚禁任何人。它就像是自然療法，沒有什麼嚴重的後遺症。那就是：如果任何人發出或者接受決鬥挑戰，就讓士兵把他們押走，在光天化日之下，打他十二棍杖作爲體罰，爲決鬥者幫腔作勢的，每人罰六棍。如果已經進行了決鬥，並造成傷亡，則走正常的刑事程序即可。

一個抱有騎士名譽思想的人可能會抗議說，受到如此的懲罰，那這個人很可能會因此開槍自殺的。對此，我的回覆是，如此愚蠢的人，他開槍自殺總比他開槍殺了別人

32 彌諾陶洛斯是古希臘神話中克里特島上的牛頭人身怪物，每九年就要殺死七對童男童女。　譯者注

好。然而，我十分清楚政府並不是眞的想廢止決鬥。公職人員，甚至是軍隊官員（除了職位處於最頂端的那部分人），他們的收入和他們提供的服務都是極不相稱的，而不足的部分就由名譽來補上了，名譽由頭銜和勳章來彰顯，也通常由等級制度和獎賞制度體現出來。而決鬥制度則爲官員們的名譽提供了得力的幫助。因此，他們在大學裡就接受了相關知識的培訓，決鬥者們是以鮮血來彌補報酬的不足。

爲了使我們的討論更加完整，請允許我在此補充一下國家名譽，這是一個民族面臨外來入侵時團結一心所展示出來的名譽感。在國家名譽問題上，沒有法庭可以申訴，只有力量才能爲國家名譽伸張正義。每個國家都時刻準備好捍衛自己的利益，而國家名譽感正是基於確信這種信念而形成的，不僅確信，而且敬畏。國家名譽不會對任何外來的襲擊坐視不理，它是公民名譽和騎士名譽的結合體。

名譽曇花一現，名聲永垂不朽

我們在前文已經提到了「名聲」，現在來深入思考一下。名聲和名譽是一對孿生兄弟，如同宙斯的一對孿生子卡斯托爾和波呂克斯，一個永生不滅，另一個卻難逃一死。名譽可能是曇花一現的，而名聲卻會永垂不朽。當然，我這裡說的是最高級的名聲，是指「名聲」（Fame）一詞最本眞的含意，而不是那種過眼雲煙般轉瞬即逝的名聲。

名譽不過是在同樣的情形下，每個人都應該具備的品質，而我們不可能要求所有人都具備名聲。所有人都有權視名譽爲己物，而名聲註定只屬於一部分人。名譽是隨著別人對我們的了解而來的，而名聲走在別人了解我們之前，其播撒之處，人人都可以了解我們。每個人都可以擁有名譽，但只有極少數人才能擁有名聲，因爲名聲是要用非凡的成就去換取的。

這些成就分爲兩類：「功績」和「作品」，這也是通往名聲的兩條路徑。「功績」適合擁有偉大心靈的人，而「作品」適合擁有偉大頭腦的人。這兩種成就各有利弊，最主要的區別在於：「功績」終有一日會消失，而「作品」會永存於世。即便是前無古人的功績，也只能保持很短的時間，但作品當中的思想則會始終鮮活，歷久彌新、愈發珍貴。功績只留存在人們的記憶中，時間終將使其模糊，被人遺忘，因爲我們對其並不關心。它終會被歷史洪流所掩蓋，除非歷史再次將它打撈上來，呈現在後代面前。而作品一旦付諸文字，便能永垂不朽。

我們知道亞歷山大[33]是偉大的，但僅限於這個名字以及一些歷史紀錄，但柏拉圖、亞里斯多德、荷馬以及賀拉斯這些偉人，他們有實實在在的作品流傳於後世，至今影響著我們，如同影響他們同時期的人一樣。《吠陀經》[34]及其《奧義書》直到今天仍被我們閱讀，而同時代的豐功偉績早已銷聲匿跡，不爲我們所知。

「功績」的另一個缺點是，它的形成極依賴時勢和機遇，因此，由功績獲得的名聲並不完全來自功績自身的價值，還與當時的外部環境相關。如果是在戰爭中，是否有功績，僅取決於少數目擊者的證言，況且並不是每一次都有目擊者，就算有，目擊者也不會總是公正的、不偏不倚的。好在建立功績是可實踐性的行爲，所以在大眾能夠理解的

33　即亞歷山大大帝（西元前三五六—前三二三），馬其頓國王，首位征服歐亞大陸的帝王。　譯者注

34　《吠陀經》（拉丁文轉譯為Veda，又譯為《韋達經》、《韋陀經》、《圍陀經》等），它是印度最古老的文獻材料和文體形式，主要文體是讚美詩、祈禱文和咒語，是印度人世代口耳相傳、長年累月集結而成的。「吠陀」是「知識」、「啟示」的意思。　譯者注

範圍之內，所以只要事蹟得以確認，人們馬上就會承認其功績，除非人們一開始並不理解或並不贊同行爲背後的動機。沒有動機作爲支撐，誰也無法理解行爲的含意。

而作品恰恰相反。作品從一開始就不依賴機遇，而是完全依賴其作者。只要作品還存世，它就還保持著本來的樣子。進一步講，想要恰當地評判作品不是那麼容易的，作品的品質越高，越難以得到恰當的評價——通常很少有人能完全理解作品，也很少有人能給出公正誠實的評價。但是，好作品的名聲並不依靠某個人的評價，它盡可以期待下一個人的評價。至於功績，我已經說過了，它們只能依靠子孫後代的記憶去傳承。偉大的作品本身就能流傳後世，即使有部分失散，其本來面目也不會有太大歪曲。隨著時間的流逝，作品面世時所遭受的偏見也會逐漸消失。通常在很久之後，才會有眞正有學識的、能夠欣賞作品的伯樂出現——傑出的評論家評判傑出的作品，不斷爲其正名。雖然這個過程可能要花上百年的時間，但是評判一經形成便不會被推翻，因此，一部偉大的作品是必然會獲得名聲的。

偉大的作品總是超越時代

作者是否能在活著的時候親眼看見自己的作品被認可，要取決於當時的機遇，其作品越是重要、越是偉大，這種可能性就越小。塞內卡曾說過一句無與倫比的妙語：「名聲緊隨成就，如影隨形，時而在人前，時而在人後。」他還說：「雖然同時代的人出於嫉妒而故意沉默，但後世一定會有人給出沒有惡意也沒有恭維的評判。」塞內卡此語表明，在他那個年代，就有這樣一類流氓無賴，即便能夠理解藝術作品的價值，卻惡意地熟視無睹，將這些優秀的作品隱藏於公眾視線之外，轉而吹捧拙劣的作品。出於嫉妒而故意沉默——這種陰謀從古至今都有。

一般來看，一個人的名聲持續時間越長，其來得便越晚，因爲所有好的作品都需要時間的沉澱。流芳百世的名聲就好比一棵橡樹，成長十分緩慢，而一時盛名只會轉眼飄散，就像一棵突然拔地而起的樹，不到一年就會枯亡。而虛假的名聲更是如曇花一現，頃刻間便不見蹤影。

爲什麼呢？因爲，一個人越是超越時代，或者換言之，越是能被後世的普羅大眾所接受，就越說明他是自身所處時代的異類。他的作品不是寫給自己同時代的人看的，而是寫給後世的全人類的。其作品可能缺少能夠吸引同代人的時代色彩，所以他的作品不被當時的人所接納，因爲這對他們來說是陌生的。人們更有可能去欣賞一個依託時代環境、順應時代風氣去創作的人，他的作品確實屬於那個時代、生於那個時代，但也可能死於那個時代。

卓越的思想無法被愚人領悟

藝術史和文學史表明，人類思想的最高成就，通常不是一開始就被接受的，而是要默默無聞地等到優秀的智者發現它們，然後藉助智者們的影響力，憑著作品自身的品質，最終獲得一定的地位。

究其原因，我們會發現，一個人能夠眞正理解和欣賞的東西，是與自己的天性相似的事物。無趣的人欣賞無趣的事物，平庸的人欣賞平庸的事物，思維混亂的人會被雜亂的思想所吸引，沒腦子的人則會被愚蠢的東西所吸引。不過，人們都會去欣賞自己的作品，因爲作品的特點與其自身的特點是一脈相承的。埃庇卡摩斯[35]早就揭示了這樣一個眞理：

> 各抒己見並無不妥，
> 自以爲是也並不奇怪；

---

[35] 埃庇卡摩斯（約西元前五三〇—約前四四〇），希臘喜劇之劇作家、哲學家。　譯者注

如同狗的眼中狗是最好的，
牛的眼中牛是最好的，
豬、驢莫不如此。

最強壯有力的手臂，也無法將羽毛這樣輕盈的物體扔得很遠，並擊中目標，它在半路就會輕飄飄地落下，因爲羽毛自身重量太輕，而空氣阻力過大。所以，偉大的思想甚至是天才之作，如果只由貧乏、偏執的頭腦來欣賞，那就太可惜了。各個時代的智者們都曾爲此悲嘆。比如，《便西拉智訓》[36]就說道：「同愚者說話，就像在和睡著了的人說話一樣，當你講完故事，他會問你說的是什麼。」哈姆雷特說：「機智妙語躺在蠢人的耳朵裡睡覺。」[37]歌德也說：「最智慧的言語被笨蛋聽到，也只會招來諷刺。」「如果人們太愚蠢，我們也沒必要喪氣，畢竟往沼澤裡扔石頭，是不會有響聲的」。

利希滕貝格問道：「當腦袋和書本相撞，發出空洞的聲音，難道這空洞的聲音總是書本發出來的嗎？」他還說：「作品如同明鑑，蠢豬視之，絕無可能照出傳道使者的

---

36 《便西拉智訓》原文為希伯來文，書名意為西拉兒子的智慧書或西拉子箴言，是希伯來智慧文學的傑作之一。

37 《哈姆雷特》第四幕，第二場。

樣子。」我們要好好記住蓋勒特優美且動人的悲嘆：「最好的禮物只有最少的欣賞者，絕大部分人都在視敝屣為珍寶。」——這樣的事情司空見慣卻不可避免，就像瘟疫橫行卻無藥可救。想要避免這種情況，只有一個辦法——愚人都變成智者——但是這難比登天，永遠也不可能。他們永遠不知道生命的價值，只用肉眼去看事物而從不思考，對泛泛之作大加讚賞，卻因為對優秀作品感到陌生而拒不接納。

對於智慧不足的人來說，正如歌德所言，他們無法賞識眼下的美好事物和人才，除此之外，還有「嫉妒」這一人類道德劣根性在作祟。一個人獲得名聲，就會脫穎而出，將其他人擠下去。任何取得令人矚目成就的人，都離不開籍籍無名之人的襯托，或者如歌德在《西東詩集》中所說：別人得到褒獎就是自己受到貶損。

這就是為什麼我們會看到，無論「優秀」是以何種形式體現出來，總有無數平庸之輩刻意抵制，甚至打壓。他們的口號是：「打倒優秀！」不僅如此，有些已經小有所成、積累了一定名聲的人，卻不願看到他人聲名鵲起，因為別人成功了，自己的光芒就會被遮蓋。因此，歌德表示：「如果我們必須要仰賴別人的好感才能活下去的話，那我們就不應該活著，因為人們都希望體現自身的價值，而忽視他人的存在。」

不朽之作敢於蔑視時代

與之相反的是，名譽通常能夠得到他人的欣賞，並且不會受到別人出於嫉妒的攻擊，每個人都擁有名譽，除非他的名譽受到損傷。但是名聲是需要克服嫉妒的圍攻才能贏得的，而且在名聲的「裁判庭」上，所有的裁判最初都對候選者抱有偏見。名譽是可以與他人分享的，我們也樂於這樣做，但名聲是要去爭奪的，爭奪的人越多，獲得的機會就越小。透過作品獲得名聲的難度，和作品的讀者數量成反比，因此，學術作品的作者想要獲得名聲，比起一心娛樂大眾的作者要難得多。但最難的還是哲學類作品，因爲哲學作品的目的指向相當模糊，從實用角度看是沒有用處的，其吸引的讀者群體中，大部分是同樣研究哲學的人。

贏得名聲如此困難，也就不難看出，那些並不是出於熱愛，也無法享受追尋知識的樂趣，僅僅爲滿足自己獲取名聲的野心而創作的人，幾乎沒有什麼不朽之作留給後人。一個人想要寫出高品質的、眞誠的作品，避免寫出低劣的作品，就要敢於反抗大眾的偏見、蔑視大眾的評判，這樣的話，他們才有很大機會成名。正應了那句話：名聲躲避追尋它的人，而去追尋躲避它的人。前一種人努力去迎合同時代人的口味，而後一種人敢於蔑視時代。

雖然獲取名聲困難重重，但是一旦獲得便很容易保持住。這一點與名譽恰恰相反，每個人都享有名譽，無須爭取，只要不丟失就行。但名譽的問題就在於，只要犯了一點小錯，那它就一去不復返了。而名聲只要它是名副其實的，就永遠不會消失，因爲功績或者作品已經成爲既定事實，即使這個人再也沒有新的成就，他們的名聲依然存在。

一個人的名聲如果消失了，或者他還沒有死，名聲就沒有了，那就說明他的名聲是假的，或者換句話說，他配不上這名聲，他能僥倖得到它，是因爲他的功績或者作品在短時間內被高估了。比如，黑格爾[38]獲得的名聲就是如此，利希滕貝格對其形容是：「他空洞的腦袋裡只有回聲，卻被一群大學生們擁躉大肆宣揚。當後人去讀他佶屈聱牙的文字時，會對他獲得的名聲感到可笑。因爲他的文字就像一個徒有其表的鳥窩，鳥兒早就不知道飛到哪裡去了，當有人敲開這扇早已腐爛的大門，只會發現裡面完全是空的！連一絲能夠吸引路人的思想也沒有。」

---

38 黑格爾（一七七〇—一八三一），德國哲學家，其哲學思想對後世產生了深遠影響。譯者注

偉大的心靈和頭腦才具有絕對價值

一個人的名聲意味著他與眾不同。當有其他人在同一領域獲得名聲時，他的名聲也就消失了，所以名聲的本質是相對的，只具有相對價值。

一個人無論在任何時間、任何情況下都擁有的東西，才是具有絕對價值的——那就是人自身。偉大的心靈或者偉大的頭腦——而非名聲——才是值得擁有的，它們才是獲得幸福的關鍵。一個人應當重視令其有名聲的事物，而不是名聲本身，這才是要義。

名聲只不過是偶然間隨之而來的，是一種外在表現，其作用是讓人更加確信自己的想法。正如光本身是看不見的，只有當它照射在物體上，人們才會發現它的存在；同樣地，一個人的出眾之處，也只有在獲得認可的時候，他才能確定它是存在的。但名聲並不總是價值的外在展現，因為你可以只有名聲或者只有價值，正如萊辛[39]所說：「有的人有名無實，而有的人有實無名。」

一個人如果必須要靠別人的肯定才能體現價值，那著實可悲。但許多英雄和天才正

39 萊辛（一七二九—一七八一），德國著名戲劇家、戲劇理論家。 譯者注

是如此，他們的人生價值與名聲息息相關，被全世界的掌聲包圍著，這種與名聲高度捆綁的人生眞悲涼。

每個人都依照自己的本性生活在這個世界，因此也要爲自己而活，一個人是什麼樣的人、以何種形式存在，這都只與他自己有關，而不關他人的事。所以，如果他自身本就沒有價值，那這個人無論如何都不可能有太大價值。別人如何看待他是次要的、衍生的，有很大的偶然性，而且最終這些看法對他的影響也只是非常間接的。況且，爲什麼要把自身的幸福寄託在別人荒蕪的頭腦中呢？這樣的幸福是美好的幻覺，但始終不是眞正的幸福。

「名人殿堂」裡各式人都有：將軍、大臣、江湖騙子、變戲法的、跳舞的、唱歌的、大富翁，還有猶太人等。在這裡，上述這些行業中的佼佼者，比起眞正具有優秀思想的人，更多地受到眞誠的賞識和由衷的尊敬。對於傑出的思想，絕大部分人只是在口頭上表示認可。

虛榮者關注名聲，睿智者創造思想

從人類幸福的角度來看，名聲不過是稀有且可口的食物，能夠滿足自尊心和虛榮心的胃口，除此之外，毫無意義。實際上，不論如何隱藏，每個人都有毫無節制地滿足自尊心和虛榮心的欲望，尤其是那些不惜任何代價想要成名的人，他們的欲望是最強烈的。這類人通常不得不在不確定中苦苦等待，直到他證明了自己的價值，並且被別人發現其價值。在此之前，他感覺自己遭受著隱祕的不公。[40]

但是，正如我在本章開頭就闡釋過的，把自身的價值寄託在他人的看法中，是不合理的，這與自身的實際價值是完全不對等的。霍布斯[41]對此發表過一些言論，十分中肯。他寫道：「當我們與他人比較時，心中湧起各種愉悅與狂喜，使我們能夠獲得自信。」所以就不難理解，為什麼人們把名聲看得如此重要，哪怕只有一絲希望，也會犧

40 我們最大的快樂，來自別人的崇敬。但即便是對我們崇敬得五體投地的人，也不會立刻表達出他們的看法。所以，無論如何，懂得真正自我欣賞、不被他人觀點左右的人，才是最幸福的人。

41 霍布斯（一五八八—一六七九），英國政治家、哲學家。　譯者注

牲一切去得到它。

> 再清晰的頭腦，也會渴求浮名（這是高貴的思想唯一的弱點），
> 令人蔑視快樂，埋頭苦幹。
> 還有：
> 名譽的聖殿啊，高高在上，熠熠生輝。
> 卻又難以攀登！[42]

由此便可理解，爲什麼世界上最虛榮的人總是在談論榮耀，他們將其視作隱祕的信仰，驅使著他們去建立偉大的功績，或者創作出偉大的作品。但名聲從本質上來說，無疑是次要的，不過是價值的回聲或倒影，就好像一個影子或一個符號。在任何情況下，令人欽佩的東西，一定要比欽佩本身更有價值。一個人的幸福不是名聲帶來的，而是能給他名聲的東西帶來的，亦即價值，或者更確切地說，是由價值帶來的思想和能力——無論是道德方面還是智力方面，這才是幸福的眞諦。一個人天性中最好的一面，比起對於別人，肯定是對於自己而言更加重要：別人對他的看法只不過是他自身天性的映射，

---

42 出自彌爾頓的《利西達斯》。

只能對他產生無足輕重的影響。一個本該有名聲但卻默默無聞的人，實際上擁有著更加重要的幸福元素，可以此安慰自己名聲的缺失。一群無能昏聵之徒眼中的偉人，不值得我們去羨慕，我們應該羨慕的，是眞正偉大的人，他的幸福不在於能夠流芳百世，而在於創造了有價值的思想——能夠被後人珍視和學習的思想。

如果一個人做到了這一點，那他就擁有了別人無法剝奪的東西，和名聲不同的是，它完全取決於人之自身。假若獲得別人的崇敬是一個人的主要目的，那這個人就沒什麼值得崇敬的。浪得虛名的人就是如此，自己享受著名聲的好處，而盛名之下，卻沒有能夠撐起名聲的實在根基。儘管身負虛名的人爲了自身利益而沉溺於自己的幻想，但他肯定會時常從自己的幻想中清醒過來，當他發現自己身處於從未想像過的高度時，他會感到暈眩，認識到自己不過是個贗品，從而處於巨大的痛苦中。他時刻擔心自己會被揭穿，打回原形，在面對眞正的智者時，彷彿能看見他們的額頭上刻著後人對自己的審判，活像一個僞造遺囑騙取財產的人。

果實需要整個夏季成長

最名副其實的名聲，是在一個人死之後才得到的，他自己活著的時候從沒有聽說過它，但即便如此，人們依然會認爲他是一個幸福的人。他的幸福在於，不僅擁有能帶來名聲的極高素養，還有能夠發揮自身素養的機會，隨心所欲地投入到自己熱愛的事業中去。只有如此用心創作出的作品，才能收穫殊榮。

偉大的靈魂和豐富的智慧，是一個人幸福的關鍵。當智慧銘刻在作品中時，就會受到後世的崇敬；在創作時令作者自己感到幸福的思想，能讓後世具有高尚思想的人從中汲取營養。身後之名的可貴就在於實至名歸，其本身就是一種回報。

作品能否在作者生前就獲得名聲是不確定的，也並不重要。因爲普通人並不具備評判的能力，完全不足以去欣賞偉大作品的複雜內涵。民眾總是受到權威的影響，權威認爲是聲名遠揚的東西，百分之九十九的人都會信以爲眞。如果一個人在生前就名聲大噪，如果他夠聰明的話，就不會把這名聲看得太重，因爲這不過是少數聲音的回聲，可能只是一時運氣罷了。

如果一位音樂家知道爲他鼓掌的聽眾們大都是聾子，只不過爲了掩飾自己的缺陷，看到一兩個人在鼓掌，他們也就跟著一起熱烈地鼓掌，他還會洋洋得意嗎？當他得知：那帶頭鼓掌的一兩個人，是因爲收了錢財，而帶動聾子們將最熱烈的掌聲獻給最糟糕的演奏者，他又會做何感想？從中我們也能看出，爲什麼同時代的讚譽如此之多，能發展成死後名聲的卻沒有幾個。

達蘭貝爾[43]對於文學名人堂有一個絕妙的表述：「這個殿堂是被死去的偉人占領的聖地，他們生前在這裡沒有一席之地；極少數生前立足於此的人，幾乎都是一死就被趕出去了。」順便提一句，在一個人活著的時候就爲其立起豐碑，就相當於在宣告，我們不信任後人對其之評判。如果一個人足夠幸運，能在有生之年獲得自己應得的名聲，這也幾乎都是在自己的暮年時期才能目睹。雖然藝術家們和音樂家們不受這一規律的限制，但是對於哲學家們，絕少有例外。

這一點，從名人的畫像中便可一探究竟，通常名人的畫像都是在其功成名就之後才畫的，而畫像中人通常都是頭髮灰白的老者，尤其哲學家更是如此。

不過，從幸福主義者的角度來看，這倒是一個非常恰當的安排，對於一個凡人來說，擁有青春的同時還擁有名聲，實在難以想像。人生本來是貧瘠的，所以好的事物必

43 讓·勒朗·達蘭貝爾（又譯為達冷柏，一七一七—一七八三），法國物理學家、數學家和天文學家。　譯者注

須要精打細算。青春本身就已經足夠好了，那就讓額外的盛名留待以後。當人到老年，人生的喜悅和歡愉慢慢褪去，如秋葉般飄落，名聲此時猶如冬青樹的嫩芽，適時發出。如果把名聲比作一種果實，那它需要耗費一整個夏季去成長，才能在冬季時節供人享用。

人終究會老去，而他的作品不會，當他將自己的青春熱情全部傾注於作品中之後，它們將永遠年輕鮮活！再也沒有什麼比這更令人感到安慰。

名聲的眞相

最後，讓我們再來仔細檢視一下，不同領域的人所追求的名聲有何不同。因爲這種名聲才是與我們的討論直接相關的。

一般說來，智力的優越性體現在能夠形成理論，也即將某些特定的事實進行重新組合，進而理論化。這些事實可能是多種多樣的，越是廣爲人知，越是貼近人們的日常生活經驗，將其理論化而贏得的名聲就越大越廣。

比方說，如果我們說的這類事實是數字、線條或者其他科學分支，如物理學、動物學、植物學、解剖學，或者是古代作家們散佚的著作、以陌生文字銘刻的難以破譯的碑文、歷史上的未解之謎等，將這些事實進行理論化而得到的名聲，只會在同樣研究這些內容的同行內傳播——這個範圍很小，大部分同行都過著隱退的生活，而且還會因爲別人在自己的知識領域聲名顯赫，而心存嫉妒。

但如果這類事實是爲大眾所熟知的，例如，人類思想或者人類心靈的基本特徵這類眾所周知的事情，或者人們隨處可見的普遍物理規律，以及大自然的基本法則等內容，研究這些事實進而形成明顯正確的新理論，其名聲瞬間就會傳遍整個文明世界：因爲如果這類事實人人都能理解的話，由它們而得來的理論也就通俗易懂。名聲的大小取決於需要克服的困難的程度，越是爲人熟知的事實，就越難形成既新穎又眞實的理論：因爲許許多多前輩已經探索過這片領域了，想要在此基礎上發表前人沒有過的新鮮見解，可能性微乎其微。

另一方面，如果研究的內容是大眾並不熟悉的事實，需要克服諸多困難，花費大量精力，這類事實通常都能透過重新組合獲得新的理論：所以，如果有人能恰當地理解和判斷這些事實——不要求有特別高的智慧水準——他就能很輕鬆地成爲那個幸運兒，提出一些既新穎又眞實的理論。但如此得來的名聲，其傳播範圍僅限於了解此類事實的人。想要克服這一類困難，哪怕僅僅是了解相關基本事實，無疑都需要深入的研究和大量的精力。而如果研究的是前人已經講得比較明白的問題，那花費的工夫就會少一些，但是卻要求有更多的天賦和才能。顯然，無論是從內在價值來看，還是從人們對其的評價來看，先天的才華和後天的刻苦是完全不能相提並論的。

所以，自認爲具備扎實的理解力和良好的判斷力，卻又自知沒有最高級的思想天賦的人，不要害怕需要下苦功的研究，因爲只有這樣，他們才能夠在一群有眼無珠的人之間脫穎而出，探索那些鮮有人涉足的偏僻領域。在這些領域中，競爭非常小，稍有能力的人都有機會發現既新穎又眞實的理論。而且，探究事實的艱辛過程，其本身就是具有價值的。

但是，只有同一研究領域的同行，才會給予他們掌聲，對於大眾來說，這掌聲是非常虛弱模糊的。如果我們一直循著這條道路去追求名聲，到最後會發現，想要發現新的事實是非常困難的，但之前已經了解到的事實本身就已經足夠爲我們贏得名聲了。就好像在一處遙遠偏僻、鮮有人知的國度旅行過後，旅行者只需要把看到的講述出來，不需要思考的加工，就足以給他帶來名聲了。

這種獲得名聲的途徑，其最大優勢在於：講述見聞總是比闡述思想更容易些，理解客觀事物也總比理解主觀看法更容易些，人們也更願意去讀繪聲繪色的見聞，而不是艱澀難懂的思想。正如阿斯穆斯所說：遠行過的人才有故事可講。

雖然如此，但當我們眞正走近、熟悉這些名人之後，便會想起賀拉斯的那句話：

到海外旅行，改變的只是氣候，而不是一個人的思想。

當一個人發覺自己擁有極高的天賦和偉大的思想，能獨自思考一些終極的問題——如關係到整個世界的問題、全人類的問題等。他就應該全方位地拓展自己的視野，而不是迷失在某條錯綜複雜的小徑上，在不爲人知的偏僻領域裡深入探尋。

換言之，不要將自己的思想侷限在某個專門的知識門類，不要太過鑽研細枝末節。對他來說，沒有必要爲了避開大批的競爭對手，而刻意選擇偏僻冷門的知識領域去研究。生活中常見的事物就是他的素材，他能以此形成眞實且新穎的理論。如此，他做出的貢獻就會被絕大部分的人欣賞。這正是巨大的區別所在！物理學家、化學家、解剖學家、礦物學家、動物學家、語言學家、歷史學家所能獲得的名聲，絕對比不上鑽研人生的詩人和哲學家！

附錄　走近叔本華

叔本華小時候的家

一七八八年二月二十二日，叔本華出生於德國但澤（今屬波蘭，已更名爲格但斯克），他的父親海因里希．弗洛里斯．叔本華是一位銀行家，母親約翰娜．特羅希娜．叔本華比丈夫年輕二十歲，是當時小有名氣的作家，與歌德、格林兄弟、舒伯特等文化名人均有交往。據叔本華自己所言，他的性格遺傳自父親，而才智則遺傳自母親。

叔本華的父母都是法國大革命的支持者，並且推崇共和主義和世界主義。一七九三年，因爲反對普魯士入侵但澤，叔本華一家搬到了自由城市漢堡。一七九七年七月十二日，叔本華的妹妹路易士．阿德萊特．叔本華出生。同年七月，叔本華被送到父親的商業夥伴家中住了兩年，在那裡他學會了流利的法語。

一八〇三年，叔本華在父親給予的選擇中放棄文科學校而選擇經商（後來令他懊悔不已），他與父母

少年時的叔本華

青年時的叔本華

一起周遊了荷蘭、英國、法國、瑞士、奧地利和普魯士。叔本華曾在英國溫布頓的一所寄宿學校上過十二週學習，他對那裡感到非常不滿，並爲嚴格但智慧淺薄的英國國教信仰感到不可思議，這也成了他在接下來的人生裡不斷抨擊的物件。

一八〇五年，叔本華的父親海因里希溺死於漢堡的家旁邊的運河。父親留下了一筆巨額遺產，分成三份給了妻子和兩個孩子。叔本華成年後取得了遺產的支配權，他用這筆錢購買了政府債券，並且每年獲得相當於大學教授兩倍薪水的利息。終於獲得解脫的母親成功進入詩人歌德和克里斯多夫·馬丁·維蘭德的社交圈，於是叔本華不得不在漢堡待了一年多，同時也獲得了從事藝術和科學活動的自由。一八〇七年五月，叔本華離開漢堡。他在哥達和魏瑪度過了兩年，爲進入大學做準備。

一八〇九年，叔本華進入哥廷根大學攻讀醫學。但他的興趣很快就轉移到了哲學上，並開始專注於對柏拉圖和康德哲學思想的研究。一八一一年秋，叔本華進入剛成立的柏林大學。從大學的學習筆記來看，除了哲學和語文學外，叔本華還修讀了化學、物理學、植物學、解剖學、生理學、地理學以及天文學。叔本華崇拜柏拉圖和康德，同時也反對當時以費希特、黑格爾爲代表的思辨哲學。他在大學筆記本裡諷刺地把費希特的知識學評價爲「空洞的知識」。

晚年時的叔本華

一八一三年，普魯士剛剛加入對法國的戰爭，由於擔心戰爭可能波及柏林並迫使他服兵役，叔本華匆匆離開柏林。當年六月，二十五歲的叔本華完成了論文《論充足理由律的四重根》，並獲得了耶拿大學哲學博士學位。叔本華將論文作爲禮物送給歌德時，得到了歌德的高度讚賞，他的才智和廣泛的科學教育背景，也給歌德留下了深刻印象。

一八一四年，叔本華對母親自由放任的生活方式越來越感到氣憤，兩人之間的爭吵也變得更加頻繁。當他把自己的博士論文交給母親時，她不無嘲諷地說：「這或許是給藥劑師做包裝用的吧。」而他不客氣地回敬：「當妳的書在廢物間裡都找不到的時候，我的書仍然會有人在讀。」她繼續諷刺說：「到那時，你的書或許早已絕版了吧？」叔本華從此與母親決裂，並且直到她去世的二十四年裡都再也沒見過面。而他與母親的關係也在很大程度上影響了他後來對女性的評價。

叔本華在魏瑪期間還結識了弗里德里希·克勞斯，正是克勞斯向叔本華介紹了東方哲學，而包括《吠陀經》、《奧義書》在內的印度哲學和佛教思想，則深刻影響了叔本華的哲學思想。

一八一四年五月，隨著與母親的關係降到冰點，叔本華離開魏瑪移居德勒斯登。他在那裡繼續從事哲學研究和享受文化生活。在德勒斯登期間最重大的一件事，就是一八一四─一八一八年，叔本華完成了他的開創性哲學代表作《作爲意志和表象的世界》。當時叔本華曾樂觀地預言：「這本書不是爲了轉瞬即逝的時代，而是爲了全人類寫的，今後會成爲其他上百本書的源泉和根據。」遺憾的是，這本書在一八一八年十二月出版後的十年幾乎無人問津，大部分是作爲廢紙賣掉的。其時，叔本華悲哀又自負地感慨：「如果不是我配不上這個時代，那就是這個時代配不上我。」

一八一九年，由於面臨財務危機且作品銷量不佳，叔本華決定擔任學術職務，這樣既能爲自己增加收入，也有機會傳播其哲學思想。他憑《作爲意志和表象的世界》獲得了柏林大學編外教授的資格。在那裡，他一意孤行地把自己的課安排在與黑格爾相同的授課時間，因爲他把黑格爾評價爲沽名釣譽的江湖騙子。當時黑格爾哲學思想正處於頂峰時期，叔本華課堂上的學生很快就寥寥無幾，他只能氣憤地退出這場較量。後來，叔本華寫作了《論大學的哲學》來表達對學術界的不滿。

一八三一年，柏林發生霍亂，叔本華慌忙逃離柏林，而黑格爾不幸染疾而亡。一八三三年，四十五歲的叔本華移居緬因河畔的法蘭克福，並在那裡度過了人生最後的二十八年。

一八三六年，叔本華發表了短篇論文《論自然界中的意志》，其中解釋了物理科學的新發展如何證實了他的意志理論。一八三九年，由於挪威皇家科學院給予其論文《論意志的自由》褒獎，叔本華首次獲得公眾認可。一八四〇年，他提交了題爲《論道德的基礎》的論文給丹麥皇家科學院，但即便他是唯一提交論文的人，也沒有獲得任何獎項。一八四一年，《論意志的自由》與《論道德的基礎》合輯出版，叔本華在〈引言〉中對丹麥皇家科學院進行了嚴厲抨擊，原因是他們未能承認他的思想價值。

一八四四年，在叔本華的堅持下，《作爲意志和表象的世界》第二版出版。但第二版獲得的讚譽並不比第一版多，且銷量仍然十分慘澹。雖然叔本華被社會和時代所冷落，他也難免失望，但他始終堅信「眞理是可以等到的，因爲它長久存在」。

一八四八年歐洲各國相繼爆發革命，德國以及歐洲表現出的失敗情緒爲人們接受叔

叔本華之墓

本華的悲觀主義思想奠定了精神基礎。一八五一年，叔本華的封筆之作《附錄和補遺》出版，這本針對大眾的格言體著作，實際是對《作爲意志和表象的世界》的補充與說明，卻在當時引起轟動，使叔本華在極短的時間內名噪全歐、譽滿世界。

一八五九年，《作爲意志和表象的世界》出版第三版，並引起廣泛影響，叔本華驕傲地宣稱「這本書已經令全歐洲都知道」。他在第三版〈序言〉中寫道：「當這本書第一版問世時，我才三十歲，等到第三版出版我已近七十二歲了。彼德拉克的名句給了我安慰：『如果一個人走了一整天，最後在傍晚時到達了，那也該滿足了。』」

叔本華終於在人生最後的十年獲得了哲學家的名聲，他的畫像和照片的複製品被大量出售，仰慕者們紛紛參觀他居住和創作的地方，送禮物給他，並要求簽名。但叔本華仍然過著孤獨的日子，陪伴他的只有一隻被鄰居們叫做「小叔本華」的鬈毛狗。他年老時保持健康，無論天氣如何都經常散步，且維持充足的睡眠。他始終保持活躍和清醒的狀態，繼續閱讀、寫作和與他人通信。

一八六〇年，叔本華所患肺炎惡化。一八六〇年九月二十一日早晨，這位哲學巨匠靠在沙發的一角，永遠地睡著了。叔本華在遺言中說，希望愛好哲學的人，能客觀獨立地理解他的哲學。

一八六〇年九月二十六日，叔本華被安葬於法蘭克福市公墓。他立下遺囑，把所有的財產都捐給慈善事業。在他墳墓前的黑色大理石墓碑上，僅僅鐫刻著他的名字「Arthur Schopenhauer」，沒有其他文字。

叔本華的悲觀主義哲學、美學等思想影響了哲學、藝術、心理學，甚至是科學等廣泛的領域。受他影響的著名人物有哲學家尼采、維根斯坦、沙特、柏格森；心理學家佛洛伊德、榮格；作家托爾斯泰、莫泊桑、多瑪斯．曼、赫爾曼．黑塞、蕭伯納、博爾赫斯、卡夫卡；音樂家瓦格納、馬勒；科學家愛因斯坦、薛定諤、達爾文等。

《附錄和補遺》與轟動世界的滯銷書作家

一八五〇年，叔本華完成了對《作爲意志和表象的世界》的補充說明——《附錄和補遺》，意思即「附屬作品和遺漏之篇」。這本書成爲他晚年的封筆之作，也是使他獲得世界級哲學家聲譽的成名之作。

《附錄和補遺》包括兩卷，第一卷爲《附錄》，即「短篇哲學文章」，分爲六篇，內容係對哲學史、大學的哲學、命運和鬼魂現象的分析，並且衍生了一些叔本華知名度極高的著作，最爲讀者熟知和喜愛的是第六篇——《人生的智慧》。第二卷爲《補遺》，收錄了三十一篇文章和叔本華早年創作的詩歌，爲意志哲學的補充論述，反映了叔本華廣博的智慧和卓越的洞察力。

一八五〇年，當時六十二歲的叔本華撰寫《附錄和補遺》，他給出版《作爲意志和表象的世界》的出版商布洛克豪斯寫信，在信中這樣介紹這部新的作品：

「現在，經過六年的努力，我已經完成了這部涵蓋豐富的作品。這本書的初稿可以追溯到三十年前，我寫下了在我的哲學系統所有作品中都無法找到的內容。因此，這本書有很大可能比迄今爲止的任何作品都要暢銷。這點你可以從我概括的目錄中看出來。在這之後我也不打算再寫任何東西了。」

雖然叔本華這樣說，但由於當時他的書長期滯銷，布洛克豪斯拒絕了他的請求。

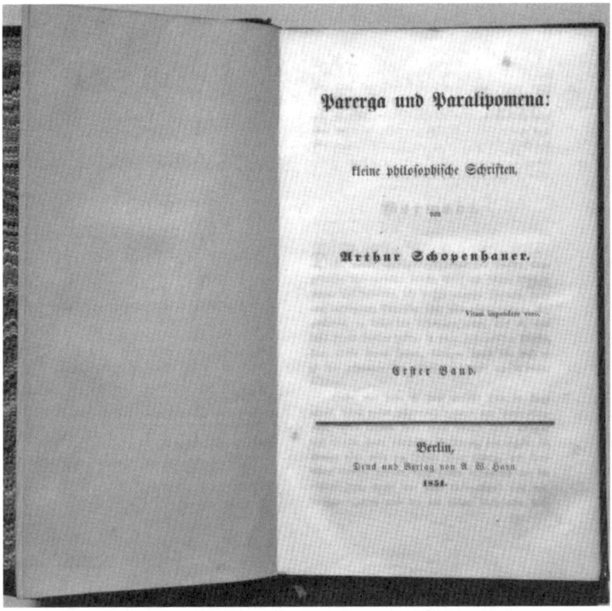

一八五一年首次出版的《附錄和補遺》

次年，在叔本華的追隨者朱利亞斯・弗勞恩斯塔德的說服下，柏林的A. W. 海因出版了這部書，但首印數也只有七百五十本，而且稿酬只有十本樣書。《附錄和補遺》引起了德國文學的著名觀察家和翻譯者約翰・奧克森福德（John Oxenford）的注意，一八五二年，他以匿名的方式向英語季刊《威斯敏斯特評論》投寄了一篇書評。第二年，奧克森福德又爲該刊撰寫了一篇題爲「顛覆傳統的德國哲學」的文章，這篇文章被翻譯成德文並刊登在《福斯日報》上，使得叔本華的哲學很快在德國得到關注。《附錄和補遺》這部被叔本華稱爲「獻給世界的哲學」，一上市就馬上售罄，讓孤獨多年的叔本華在極短的時間內聲名鵲起，成爲蜚聲國際的哲學家。其中「人生的智慧」和「勸誡與格言」兩部分，更是得到了多瑪斯．曼、托爾斯泰等人的大力推崇。遺憾的是，由於叔本華健康狀況的惡化，他計畫的《附錄和補遺》修訂版始終沒有完成，一直到一八六〇年他突然離世。

叔本華做了三十年無人問津的「滯銷書作家」，連他的小說家母親都譏諷他的書「是給藥劑師做包裝用的」。等到終於成功的這一年，他已六十三歲了。正如叔本華在《人生的智慧》中所言：「一個人的名聲持續時間越長，其來得便越晚……一個人越是超越時代，就越難被自己所處的時代所接受。因爲他的作品是寫給後世的全人類的。」這看似一個精準的預言，但實際充滿了透視人世間規律的哲學智慧。屬於叔本華的名聲終於在他人生的最後階段來到，而他的作品超越了時代，受到後世的普羅大眾所推崇和追捧，至今仍然影響和啓發著一代又一代的讀者。

亞瑟・叔本華　年表

Arthur Schopenhauer, 1788-1860

年代	生平記事
一七八八年	二月二十二日，出生於德國城市但澤（Gdańsk，當時的一部分，今波蘭格但斯克）。父親是富商，母親是有名氣的作家。
一七九七年	被派往勒阿弗爾（Le Havre）與他父親的商業夥伴格雷戈爾（Grégoire de Blésimaire）的家人一起生活兩年。學會流利的法語。
一八〇五年	父親在漢堡的家旁因運河溺水而死。但叔本華和他的妻子認為是自殺，且將之歸罪於其母親，加上生活衝突，叔本華一生和母親交惡。
一八〇九年	離開魏瑪，成為哥廷根大學（University of Göttingen）的學生。最初攻讀醫學，但後來興趣轉移到哲學。在一八一〇—一八一一年左右從醫學轉向哲學，離開了哥廷根大學。
一八一一年	冬季學期抵達新成立的柏林大學。並對費希特和史萊馬赫產生濃厚興趣。 將柏拉圖奉若神明，視康德為一個奇蹟，對這兩人的思想相當崇敬。但厭惡後來費希特、黑格爾代表的思辨哲學。 以《論充足理由律的四重根》（*Über die vierfache Wurzel des Satzes vom zureichenden Grunde*）獲得博士學位。歌德對此文非常讚賞，同時發現叔本華的悲觀主義傾向，告誡說：「如果你愛自己的價值，那就給世界更多的價值吧！」第二版一八四七年出版。
一八一三年	十一月，歌德邀請叔本華研究他的色彩理論。雖然叔本華認為色彩理論是一個小問題，但他接受了對歌德的欽佩邀請。這些研究使他成為在認識論中最重要的發現：找到因果關係的先驗性質的證明。
一八一四年	五月離開魏瑪，搬到德勒斯登（Dresden）。

年代	生平記事
一八一六年	出版《論顏色與視覺》（*Über das Sehen und die Farben*），又將其翻譯成拉丁文。
一八一七年	在德勒斯登。與鄰居克勞斯（Karl Christian Friedrich Krause，試圖將自己的想法與古印度智慧的想法結合起來的哲學家）結識。叔本華從克勞斯那裡學到冥想，並得到了最接近印度思想的專家建議。
一八一八年	出版代表作《作為意志和表象的世界》（*Die Welt als Wille und Vorstellung*，以下簡稱WWV）第一版，作為叔本華最重要的著作WWV的第二版在一八四四年出版。發表後無人問津。第二版在第一版一卷的基礎上擴充為兩卷，叔本華對第一卷中的康德哲學批評進行了修訂，第二卷增加了五十篇短論作為對第一卷的補充，第三版經過小幅修訂之後，在一八五九年出版。 叔本華說這本書：「如果不是我配不上這個時代，那就是這個時代配不上我。」但憑這部作品他獲得了柏林大學編外教授的資格。
一八三一年	八月二十五日，柏林爆發霍亂，本來打算與當時的戀人一起離開柏林，但對方拒絕了他，兩人分道揚鑣，叔本華獨自逃離柏林。同年十一月十四日黑格爾因霍亂死於柏林。
一八三三年	移居法蘭克福。
一八三六年	出版《論自然中的意志》（*Über den Willen in der Natur*）：第二版一八五四年出版。
一八三七年	首度指出康德《純粹理性批判》一書第一版和第二版之間的重大差異。

年代	生平記事
一八四一年	出版《倫理學的兩個基本問題》（*Die beiden Grundprobleme der Ethik*），內容包括一八三九年的挪威皇家科學院的褒獎論文《論意志的自由》（Über die Freiheit des menschlichen Willens）和一八四〇年的論文《論道德的基礎》（Über die Grundlage der Moral），幾乎無人問津。第二版在一八六〇年出版。 同年，他稱讚倫敦成立防止虐待動物協會，以及費城動物友好協會。甚至抗議使用代詞「它」來指動物，因為「它」導致了對牠們的處理，好像牠們是無生命的東西。 叔本華非常依賴他的寵物貴賓犬。批評斯賓諾莎認為動物僅僅是滿足人類的手段。
一八四四年	在他堅持下，出了《作為意志和表象的世界》第二版。第一版早已絕版，且未能引起評論家和學術界絲毫興趣，第二版的購者寥寥無幾。
一八五一年	出版完成了對《作為意志和表象的世界》的補充與說明，就是兩卷本《附錄和補遺》（*Parerga und Paralipomena*），這套書使得叔本華聲名大噪。麥金泰爾在《倫理學簡史》中對叔本華的描述「對人性的觀察是那麼出色（遠遠超出我所說的）」，可以在這套書中得到印證。《附錄和補遺》第一卷中的《人生的智慧》更是得到了諸如托馬斯曼、托爾斯泰等人推崇備至。
一八五一年	他以格言體寫成的《附錄和補遺》使他獲得聲譽，瞬間成為名人，有人寫了《叔本華大辭典》和《叔本華全集》，有人評論說他是具有世界意義的思想家。
一八五九年	《作為意志和表象的世界》第三版引起轟動，叔本華稱「全歐洲都知道這本書」。叔本華在最後的十年終於得到聲望，但仍過著獨居的生活，陪伴他的只有數隻貴賓犬，其中，以梵文「Atman」（意為「靈魂」）命名的一隻最為人熟悉。
一八六〇年	九月二十一日，死於呼吸衰竭，七十二歲。

經典名著文庫 188

人生的智慧

Aphorismen zur Lebensweisheit）

作　　者 —— （德）亞瑟・叔本華 Arthur Schopenhauer
譯　　者 —— 李潤萍 吳峰峰
發 行 人 —— 楊榮川
總 經 理 —— 楊士清
文庫策劃 —— 楊榮川
本書主編 —— 蘇美嬌
封面設計 —— 姚孝慈
著者繪像 —— 莊河源
出 版 者 —— **五南圖書出版股份有限公司**
地　　址：臺北市大安區和平東路二段 339 號 4 樓
電　　話：(02)2705-5066(代表號)
傳　　眞：(02)2706-6100
劃撥帳號：01068953
戶　　名：五南圖書出版股份有限公司
網　　址：https://www.wunan.com.tw
電子郵件：wunan@wunan.com.tw
法律顧問 —— 林勝安律師事務所　林勝安律師
出版日期 —— 2022 年 12 月初版一刷
定　　價 —— 250 元

本書爲湖南人民出版社授權五南圖書出版股份有限公司在臺灣、香港與澳門出版發行繁體字版本。

國家圖書館出版品預行編目資料

人生的智慧 / 亞瑟．叔本華 (Arthur Schopenhauer) 著 ；
李潤萍， 吳峰峰譯． -- 1 版． -- 臺北市：五南圖書出版
股份有限公司，2022.12
冊； 公分
譯自：Aphorismen zur Lebensweisheit

ISBN 978-626-343-405-9（平裝）

1.CST: 格言 2.CST: 生活指導

192.8　　111015131